NUDELN

Renate Kissel

NUDELN

Mit 125 Rezepten,
exklusiv fotografiert
für dieses Buch
von
Hans Joachim Döbbelin

SIGLOCH
EDITION

INHALT

DIE GANZE WELT DER NUDEL

In China, so wird behauptet, sei die Heimat der Nudel, und Marco Polo habe sie von dort nach Italien gebracht. So lang als möglich sollten sie sein, denn lange Nudeln verhelfen zu einem langen Leben. Wenn das stimmt, hat dieser Nudelzieher noch einige Jährchen vor sich.

Vermutlich waren der Zufall und die heiße Sonne die Eltern der Nudel, jedenfalls wollen wir in die Diskussion, ob nun die Etrusker, die Araber oder gar die Chinesen dieses kulinarische Chamäleon erfunden haben, nicht einsteigen. Man könnte es sich zumindest so vorstellen: Getreidebreie als das älteste Nahrungsmittel der Menschheit, der sengenden Sonne ausgesetzt, so wird daraus schnell ein fester Teigkloß, der in Streifen geschnitten und gegart Nudeln ergibt. Natürlich kann die Ur-Nudel nicht mit den elegant gestylten Exemplaren der heutigen Zeit verglichen werden. Nudelmaschinen und die Möglichkeit industrieller Herstellung haben eine unglaubliche Vielfalt an Formen und Farben hervorgebracht, die eigentlich alle einen sehr praktischen und genußvollen Zweck erfüllen: eine Oberfläche zu bieten, an der sich die Aromen von Fisch, Fleisch, Gemüsen, Käsen, Kräutern und Sahne nach Herzenslust entfalten können.

Nudeln passen nicht nur zu allem, sie können auch Grundlage für

die verschiedensten Gerichte sein. Als Einlage für Suppen und Eintöpfe, als Gabelstapler für Saucen und Ragouts, als Versteck für leckere Füllungen. Nicht nur die Schwaben haben der Welt vorgeführt, wie sie in der Fastenzeit Fleisch in Maultaschen verbergen, auch andere Länder hegen ihre Geheimnisse um der Nudel Kern. Und erst im Ofen mit Käse überbacken laufen Nudeln zu einer ihrer besten Formen auf. Dann die Salate, bei denen auch Anfänger richtig kreativ werden können. Doch selbst süße Gerichte können Nudeln entscheidend bereichern. Der absolute Höhepunkt in der Welt der Nudel sind allerdings immer noch die mit viel Liebe und Ei selbstgemachten.

In Asien gehören Nudeln seit eh und je zur täglichen Nahrung. Viele verschiedene Mehlarten werden neben dem Weizenmehl in Ostasien und Südostasien für die dünnen, langen Gebilde verwendet: Mungobohnenmehl, Reismehl, Kartoffelstärke oder Buchweizenmehl. Ganz besondere Könner sind die Chinesen beim Falten und Füllen von Teigtäschchen, die sie fritiert, gedämpft gebraten oder auch nur gekocht in Suppen, als Vor- oder gar Hauptspeisen überall anbieten. Der gan-

ze asiatische Kontinent einschließlich der russischen Republiken Osteuropas können mit einer Fülle an Teigtaschen aufwarten. Namen wie Kundjumy, Pelmeni, Wareniki, Pletschinta, Wertuta oder Manty klingen für unsere Ohren recht ungewöhnlich, das Grundprinzip haben sie aber mit den uns bekannten Maultaschen gemein: ein einfacher, dünn ausgerollter Nudelteig wird mit Füllungen, deren Geschmacksrichtung von süß bis ganz deftig variieren kann, zum kulinarischen Genuß.

Doch immer noch ist Italien der Spitzenreiter im Reich der Nudeln. Es soll über sechshundert verschiedene Arten geben und jedes Jahr kommen neue hinzu, für deren Formfindung sogar berühmte Designer zu Rate gezogen werden. Grundsätzlich unterscheidet man zwei Gruppen, die *Pasta all'uovo*, die mit Eiern zubereitet wird, und die *Pasta secco*, die ohne Ei aus Hartweizen und Wasser gemacht wird. Da gibt es Nudelbänder, rund, dünn und lang wie die überall beliebten Spaghetti oder flach, breit und kantig wie die Familie der Tagliatelle, Fettucine und Pappardelle. In Röhrennudeln mit glatter oder geriffelter Oberfläche, kurz wie

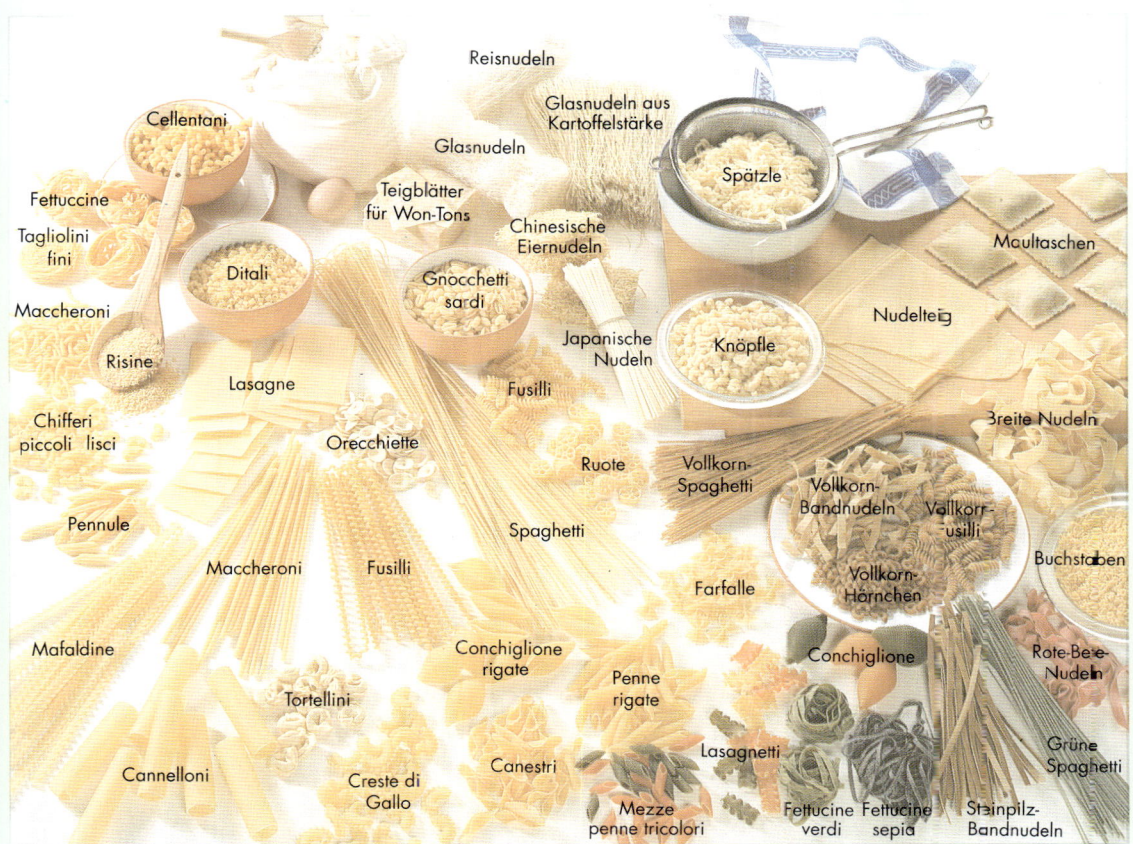

Reisnudeln

Glasnudeln aus Kartoffelstärke

Cellentani

Glasnudeln

Spätzle

Fettuccine

Teigblätter für Won-Tons

Maultaschen

Tagliolini fini

Chinesische Eiernudeln

Ditali

Gnocchetti sardi

Maccheroni

Nudelteig

Japanische Nudeln

Risine

Knöpfle

Lasagne

Fusilli

Chifferi piccoli lisci

Orecchiette

Breite Nudeln

Ruote

Vollkorn-Spaghetti

Vollkorn-Bandnudeln

Vollkorn-fusilli

Pennule

Spaghetti

Maccheroni

Fusilli

Vollkorn-Hörnchen

Buchstaben

Farfalle

Mafaldine

Conchiglione rigate

Conchiglione

Rote-Bete-Nudeln

Penne rigate

Tortellini

Grüne Spaghetti

Cannelloni

Lasagnetti

Creste di Gallo

Canestri

Mezze penne tricolori

Fettucine verdi

Fettucine sepia

Steinpilz-Bandnudeln

Penne oder lang wie Makkaroni, ist viel Platz für Sauce. Ganz besonders gut läßt sich Sauce aber mit den Spiralnudeln wie den Fusilli gabeln, sie können durch ihre große Oberfläche am meisten von den leckeren *Sughi*, den Saucen, aufnehmen. Auch bei Aufläufen und gefüllten Nudeln sind die Italiener Meister ihres Fachs. Lasagne und Cannelloni sind für den Ofen bestimmt (*al forno*) und werden aus Teigblättern hergestellt, die gefüllt und überbacken werden.

In Österreich, der Schweiz und Süddeutschland schätzt man Eiernudeln besonders, von denen die schwäbischen Spätzle und ihre Verwandten, die Knöpfli oder Chnöpfli, die bekanntesten sind. Echte Kenner machen sie immer zu Hause mit viel Ei selbst.

Seit sich mehr Menschen für eine gesunde Ernährung entscheiden, werden Vollkornnudeln immer beliebter. Sie liefern nicht nur Ballaststoffe, sondern auch noch mehr Vitamine, Mineralstoffe und Spurenelemente als Nudeln aus dem ausgemahlenen Korn. Überhaupt sollte mit dem Vorurteil, Nudeln machten dick, aufgeräumt werden. Nudeln enthalten hochwertige Eiweißstoffe, und ihre Kalorienmenge ist selbst bei voller Sättigung relativ gering. Also, greifen Sie zu, Nudeln gibt's genug.

Alle Nudeln dieser Welt, vereinigt euch! Doch wir wollen nicht übertreiben, denn das ist kaum zu schaffen. Die wichtigsten wurden auf der folgenden Doppelseite zusammengetragen, damit sie nicht namenlos bleiben müssen, finden Sie hier ihre Bezeichnungen.

7

IMMER NOCH AM ALLER-BESTEN: SELBSTGEMACHT

**Grundrezept Nudelteig für
4 Personen:**
300 g Mehl, 3 frische Eier von
Zimmertemperatur,
3 TL Olivenöl von Zimmer-
temperatur, Salz

*Das Mehl auf einer flachen
Unterlage aufhäufen, eine
Mulde eindrücken. Die
Zutaten hineingeben und
mit einer Gabel von innen
nach außen mit dem Mehl
vermischen, darauf achten,
daß die Mulde erhalten
bleibt, bis eine zusammen-
hängende Teigmasse ent-
steht.*

*Mit den Händen etwa
10–15 Minuten kneten,
bis der Teig glatt und sei-
dig ist. Sollte er zu fest
sein, vorsichtig etwas Wasser oder Öl zugeben, ist er
zu weich, etwas Mehl
unterkneten. Danach die
Teigkugel unter eine angewärmte Schüssel legen und
$^1/_2$–1 Stunde ruhen lassen.*

Teig in 2–3 Portionen teilen und jeweils 1 Portion ausrollen. Die anderen Portionen bleiben so lange zugedeckt liegen. Damit der Teig nicht klebt, die Arbeitsplatte und das Nudelholz etwas einmehlen. Von der Mitte zum Rand hin möglichst dünn ausrollen, für Bandnudeln 2 mm, für gefüllte Nudeln etwa 2–3 mm.

Für Bandnudeln rollt man die bemehlte Teigplatte auf und schneidet mit einem Messer Scheiben in gewünschter Breite ab. (Tip aus der Schweiz: Die Teigplatte von beiden Seiten zur Mitte hin aufrollen und die abgeschnittenen Teigscheiben mit einem Griff erfassen und zum Trocknen auseinanderschütteln.)

Die Teigscheiben auseinanderrollen und zum kurzen Trocknen auf einem Tuch ausbreiten. Man kann sie auch über einer Stange aufhängen. Danach in reichlich kochendem Salzwasser, dem 1 EL Öl beigegeben wurde, in 3–5 Minuten gar kochen.

11

Mit einer Nudelmaschine kann Teig sowohl geknetet als auch zu Nudeln durchgedreht werden. Zunächst müssen die Teigzutaten von Hand zu einer zusammenhängenden Masse verknetet werden.

Walzen auf den größtmöglichen Spalt einstellen. Eine leicht bemehlte, faustgroße Teigkugel mehrmals durchdrehen, zusammenfalten und wiederholen, bis der Teig keine Poren mehr zeigt. Abstand der Walzen schrittweise verkleinern, so daß der Teig dünner und länger wird.

Teigplatten auf einer bemehlten Arbeitsfläche etwa 5 Minuten ruhen lassen. Die Teigplatten mit der entsprechenden Walze zu Bandnudeln durchdrehen. Auf einem Tuch ausgebreitet etwa 20–30 Minuten trocknen lassen. Dann in reichlich Salzwasser 3–5 Minuten kochen lassen und abgießen.

Klassisch italienisch mit Hartweizen

Die klassische Pasta aus Italien kommt ganz ohne Ei aus. Das liegt am Hartweizen, der in Form von Grieß zusammen mit Wasser einen Teig ergibt, der viel Klebereiweiß enthält, daher sind Eier überflüssig. Nudeln aus Hartweizen werden beim Kochen besonders bißfest und kleben nicht so schnell aneinander. Wer Pastateig selbst machen möchte, sollte Hartweizengrieß und Weizenmehl mischen, weil der bei uns erhältliche Hartweizengrieß allein verwendet zu grob für einen Pastateig ist.

Zutaten für 4 Personen:
150 g Hartweizengrieß, 150 g Weizenmehl, Salz, 2 EL Öl, etwa ⅛ Liter temperiertes Wasser

Grieß, Mehl und Salz mit Öl zu Krümeln vermischen. Nach und nach das temperierte Wasser zugeben, dabei immer kräftig kneten, bis ein elastischer Teig entstanden ist. Teig zu einer Kugel formen und unter einer angewärmten Schüssel etwa 1 Stunde ruhen lassen. Dann weiter verarbeiten.

Selbstgemachte Nudeln aus dem vollen Korn

Ernährungsbewußte Nudelfreunde können Teigwaren auch aus Vollkornmehl herstellen. Dafür nimmt man feingemahlenes Vollkornmehl, das es im Handel zu kaufen gibt. Wer das Mehl selbst mit der Getreidemühle mahlen möchte, sollte die Kleie aussieben, da sonst der Teig zu brüchig wird und schlecht zusammenhält. Vollkornnudelteig muß länger unter einer angewärmten Schüssel ruhen als herkömmlicher Teig, mindestens 1 Stunde. Die ausgesiebte Kleie liefert gesunde Ballaststoffe für das Müsli am nächsten Morgen oder kann zum Brotbacken verwendet werden.
Da Vollkornnudeln ein ziemlich deutliches eigenes Aroma besitzen, sollten sie immer zusammen mit kräftig gewürzten Saucen oder Ragouts serviert werden.

Zutaten für 4 Personen:
300 g Weizenvollkornmehl fertig gekauft oder selbst gemahlen, 3 Eier, etwa 30 ml Wasser, 3 TL Olivenöl, Salz

Den Teig wie im Grundrezept auf S. 10/11 beschrieben zubereiten und weiter verarbeiten.

Tip:
Anstatt mit Wasser kann man den Vollkornnudelteig auch mit der gleichen Menge Weißwein zubereiten, dadurch werden die Vollkornnudeln besonders delikat.

MIT DEN FARBEN DER NATUR: BUNTE NUDELN

Tip:
Auch mit 2 Eßlöffel getrockneten, im Mixer zerkleinerten Steinpilzen, die den Teigzutaten unter-geknetet werden, kann man selbstgemachten Nudeln ein besonders schmackhaftes Aroma verleihen.

Gefärbte Nudeln gibt es zwar fertig zu kaufen, aber selbstgefärbte und mit verschiedenen natürlichen Zutaten aromatisierte Nudeln schmecken besser und vor allem intensiver. Spinat, Rote Bete oder pürierte Kräuter enthalten zusätzlich noch etwas Flüssigkeit, daher muß gegebenenfalls beim Kneten des Teiges noch etwas Mehl zugegeben werden, damit die richtige Konsistenz erreicht wird.

Grün gesprenkelte Nudeln:
Dafür werden etwa 4 Eßlöffel fein-gehackte Kräuter wie etwa Petersilie, Estragon, Thymian und Salbei den Zutaten des Grundrezeptes S. 10 beigemischt und zu Teig verknetet. Gut schmecken Kombinationen wie Petersilie mit Liebstöckel, Majoran mit Basilikum oder Sauerampfer mit glatter Petersilie. Die Menge der beigegebenen Kräuter kann je nach gewünschter Geschmacksintensität variiert werden.

Gelbe Nudeln: 2 Messerspitzen Safranpulver unter das Mehl mischen oder Safranfäden in 2 Eßlöffeln heißem Wasser auflösen und unter die Zutaten des Grundrezeptes für Nudelteig S. 10 mischen und damit verkneten. Der Safran färbt den Teig intensiv gelb.

Rote Nudeln: 1 mittelgroße Rote Bete waschen, putzen und in Salzwasser gar kochen. Nach dem Abkühlen schälen, kleinschneiden und im Mixer pürieren. Kaltes Püree mit den Zutaten des Grundrezeptes für Nudelteig S. 10 verkneten.

Schwarz gesprenkelte Nudeln: 2 Eßlöffel Mohn mit den Zutaten des Grundrezeptes für Nudelteig S. 10 verkneten.

Orangefarbene Nudeln: 2–3 Eßlöffel Tomatenmark und etwas Pfeffer werden mit den Zutaten des Grundrezeptes für Nudelteig S. 10 verknetet. Nach Belieben können auch noch gemischte Kräuter oder Safran beigefügt werden.

Grüne Nudeln: 300 g frischen Spinat waschen, putzen und in kochendem Salzwasser blanchieren. Mit kaltem Wasser abschrecken, abtropfen lassen, hacken und pürieren. Sie können auch tiefgefrorenen Spinat verwenden. Spinat mit etwas Pfeffer und Muskat zu den Zutaten des Grundrezeptes für Nudelteig S. 10 geben und verkneten.

Braune Nudeln für süße Gerichte: Den Zutaten für das Grundrezept Nudelteig S. 10 werden 2–3 Eßlöffel Kakao und 2–3 Eßlöffel Puderzucker beigemengt und verknetet.

DAS ALSO IST DER NUDEL KERN

Tip:
*Gefüllte Teigtaschen soll-
ten nie in sprudelndem
Wasser gegart werden,
weil sie platzen könnten.
Am besten läßt man sie
in gerade kochendem
Wasser leise gar ziehen.*

Ravioli (oberes Bild): Nudelteig nach dem Grundrezept S. 10 zubereiten, in etwa 4 Portionen teilen und messerrückendick ausrollen. Zwei gleich große Teigstreifen ausschneiden. Je einen Teelöffel Füllung in Häufchen mit gleichem Abstand von 3–4 cm daraufsetzen und die Zwischenräume mit Wasser befeuchten. Den anderen Teigstreifen darüberlegen und zwischen den Häufchen leicht andrücken. Mit dem Teigrädchen die Häufchen trennen, so daß Quadrate entstehen. Auf einem Tuch ausbreiten und 20–30 Minuten trocknen.

Maultaschen (oberes Bild): Nudelteig nach dem Grundrezept auf S. 10 herstellen und dünn ausrollen. Teig in Quadrate von 8–12 cm Seitenlänge schneiden, es können aber auch Rechtecke, Rauten oder Scheiben sein. Auf die Hälfte der Teigstücke in die Mitte Füllung geben und etwas verteilen, dabei einen Rand frei lassen. Diesen mit Wasser, Milch oder Eiweiß bestreichen und umschlagen. Falls man Quadrate oder Kreise macht, die übrigen Teigscheiben darauflegen und die Ränder mit den Fingern andrücken. Rechtecke, Kreise oder Quadrate können auch in der Mitte gefaltet werden.

Tortellini (unteres Bild rechts): Mit einer Kreisform von 4 cm Durchmesser Scheiben aus dem ausgerollten Nudelteig ausstechen. 1 Teelöffel Füllung in der Mitte häufen und Rand mit Wasser befeuchten. Halbmondförmig zusammenfalten, und Rand zusammendrücken. Vorsichtig um die Spitze des Zeigefingers zu einem Ring biegen. Dabei soll der Teigrand nach oben gebogen und die Spitzen zusammengedrückt werden. Auf einer bemehlten Fläche 20–30 Minuten trocknen.

Lasagne und Cannelloni: Für Lasagne Quadrate oder Rechtecke je nach Größe der Auflaufform aus dem dünn ausgerollten Teig ausschneiden. Portionsweise in kochendes Salzwasser mit 1 Eßlöffel Öl geben, in 2 Minuten sehr bißfest garen. Herausnehmen und auf einem Tuch trocknen. In eine gefettete Auflaufform eine Schicht Teigblätter legen, darauf abwechselnd Füllung, Sauce und Teigblätter schichten, mit Sauce abschließen. Für Cannelloni Teigquadrate von 10 cm Kantenlänge ausschneiden, bißfest kochen, trocknen lassen, mit Füllung belegen, zu einer Röhre biegen, mit der Schnittkante nach unten in die Auflaufform legen.

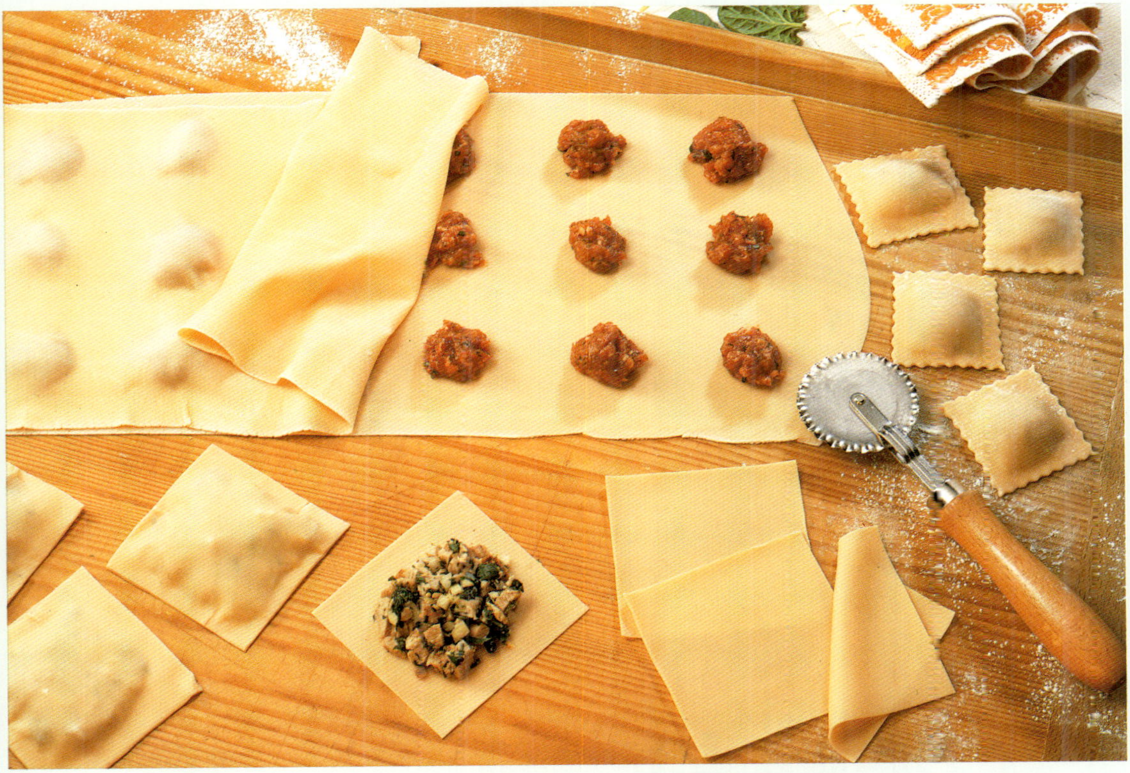

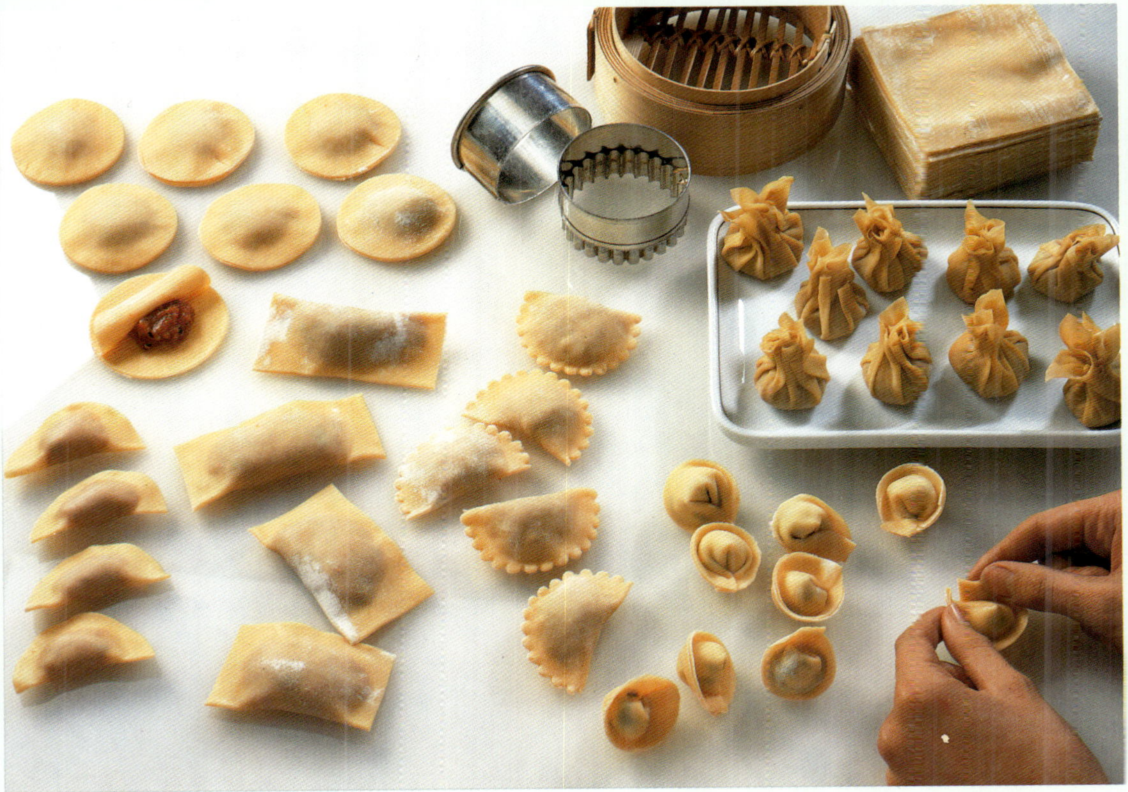

SPÄTZLE, KNÖPFLI, PIZOKEL & CO.

Grundrezept Spätzleteig
für 4 Personen:
400 g Mehl, 4 Eier,
1 ½–2 TL Salz, 2 EL Öl,
60–120 ml Wasser,
1 EL Öl für das Koch-
wasser

1. Mehl in eine Schüssel geben. Eier, Salz, Öl und nach und nach Wasser zugeben. Die Menge des Wassers hängt von der Größe der Eier ab.

2. Teig mit einem Löffel schlagen, bis er Blasen wirft. Dann etwas ruhen lassen. Die Konsistenz des Teiges sollte weich, aber noch zäh sein. Wer Knöpfli zubereiten möchte, die mit dem Hobel hergestellt werden, sollte den Teig etwas dünner machen.

3. Zum Schaben der Spätzle Salzwasser mit dem Öl zum Kochen bringen. Das Spätzlebrett oder ein einfaches Holzbrett mit Wasser benetzen und etwas Teig glatt und flach daraufstreichen. Mit einem Spätzleschaber oder einem großen Messer Teig in dünnen Streifen in das kochende Wasser schaben. Das Messer ab und zu in das Wasser tauchen.

4. Sobald die Spätzle an die Oberfläche steigen, mit dem Schaumlöffel herausnehmen, in eine Schüssel mit warmem Wasser geben und dann abtropfen lassen. In einer vorgewärmten Schüssel warm stellen. Vorgang wiederholen, bis der Teig verbraucht ist.

5. Für Nichtschwaben gibt es den sogenannten „Spätzleschwob", eine Teigpresse, mit der der Teig durch kleine Löcher ins kochende Wasser gedrückt wird. Sobald die Spätzle hochsteigen, mit dem Schaumlöffel herausnehmen, abschrecken und heiß servieren.

6. Knöpfli, in der Schweiz auch Chnöpfli oder Pizokel (aus Buchweizen) genannt, sind kürzere, dickere Teiggebilde. Der Teig für Knöpfli sollte etwas dünner sein als der für Spätzle, damit er ohne Druck durch die Löcher des Hobels passieren kann.

7. Für abgeschmälzte Spätzle etwa 50 g Butter erhitzen und 2 Eßlöffel Semmelbrösel kurz darin unter Rühren anrösten. Über die abgetropften heißen Spätzle geben und sofort servieren.

8. Neben Weizenmehl der Type 405 können auch andere Ausmahlungsgrade und Mehlsorten verwendet werden wie etwa Grünkern, Dinkel oder Buchweizen. Spätzle aus dem vollen Korn schmecken besonders kräftig. Eine schwäbische Spezialität sind Leberspätzle, für die dem Teig feingemahlene Leber zugefügt wird.

Nudeln kochen kann doch jeder

Wer Nudeln kochen möchte, benötigt keine besonderen Werkzeuge oder Geräte. Am allerwichtigsten ist ein großer Kochtopf, in dem die Nudeln genügend Platz haben. Selbermacher sind mit einer Nudelmaschine gut bedient, denn damit kann der Teig geknetet, zu dünnen Teigplatten ausgerollt und zu Nudeln durchgedreht werden. Für alle, die nördlich der Mainlinie leben und das Spätzleschaben nicht mit in die Wiege gelegt bekommen haben, gibt es Spätzlehobel und Teigpressen, „Spätzleschwob" genannt. Damit kann sogar jeder Anfänger die typisch „schwäbischen Nudeln" herstellen. Noch ein typisch italienisches Werkzeug: Damit Spaghetti stilecht vom Topf in den Teller kommen, gibt es die Holzheber mit Zinken. Und nun geht's ans Werk, wir wünschen gutes Gelingen und genußvolles Nudelvergnügen!

Damit Nudeln zum vollen Eßvergnügen werden, gilt eine Grundregel: Immer zuerst die Saucen und Beilagen zubereiten, dann die Teigwaren kochen. Nach dem Garen sollten sie sofort serviert werden. Es ist besser, die Gäste warten auf die Nudeln als umgekehrt.

Zum Kochen wird ein großer Topf und viel Wasser benötigt. Als Faustregel gilt: die Nudeln in etwa der zehnfachen Wassermenge kochen, für 400 Gramm etwa 4 Liter Wasser zum Kochen bringen, darin 30 bis 40 Gramm Salz auflösen und 1 bis 2 Eßlöffel Öl dazugeben. Das Öl verhindert das Aneinanderkleben der Nudeln. Sobald das Wasser sprudelnd kocht, Nudeln hineinschütten und umrühren. Bei mittlerer Hitze weiterkochen. Den Topf nicht abdecken, damit der Dampf entweichen kann. Die gegarten Nudeln sollen elastisch, aber im Kern noch fest, *al dente* sein. Frische, hausgemachte Teigwaren brauchen je nach Größe und Mehlsorte etwa 2 bis 5 Minuten, getrocknete etwa die doppelte Zeit.

Da Nudeln je nach Form, Größe und Teigzusammensetzung unterschiedliche Garzeiten benötigen, sollte man immer eine Garprobe machen. Dazu eine Nudel aus dem kochenden Wasser nehmen und durchbeißen. Es ist immer besser, die Nudeln etwas zu früh als zu spät herauszunehmen, denn der Garprozeß hält noch etwas an. Sind sie gar, gießt man sie in ein Sieb und läßt sie abtropfen. Danach sofort mit den Beilagen servieren.

Sollten die Nudeln erst später weiterverarbeitet werden, im Sieb mit reichlich kaltem Wasser abschrecken, um den Garprozeß sofort zu beenden. Man kann sie in etwas Öl oder Butter schwenken, damit sie nicht zusammenkleben.

Spaghetti oder andere Langnudeln läßt man in ganzer Länge am Topfrand anlehnend langsam in das sprudelnde Wasser gleiten. Dann werden sie mit einem Holzlöffel einmal umgerührt. Sind sie fertig, werden sie einfach in ein Sieb, das leicht geschüttelt wird, abgegossen. Sofort in eine angewärmte Schüssel geben und die Sauce darübergießen. Bis zum Servieren sollte alles sehr zügig vonstatten gehen, nur so bleibt die Oberfläche der Spaghetti noch aufnahmefähig für das Aroma der Sauce, nur so bindet sie die Sauce besser.

VORSPEISEN, SUPPEN
UND EINTÖPFE

GEFÜLLTE ZUCCHINI

2 große oder 4 kleine
Zucchini
1 rote Zwiebel
2 Knoblauchzehen
2 Frühlingszwiebeln
1 Bund Basilikum
1 Karotte
4 EL Olivenöl
Salz
frisch gemahlener
weißer Pfeffer
80 – 100 g Greyerzer
3 Eier
150 g kleine
Hörnchennudeln
1 EL Butter für die Form

Pro Person etwa
495 kcal/2071 kJ
20 g E · 25 g F · 41 Kh

Die Zucchini längs halbieren, in etwa 7 – 10 Minuten, je nach Größe, halbgar kochen. Inzwischen die Zwiebel hacken, Knoblauchzehen zerdrücken und die Frühlingszwiebeln in Ringe schneiden. Die Basilikumblättchen feinstreifig schneiden (etwas für die Garnitur zurückbehalten) und die geputzte Karotte raspeln. Olivenöl in einer Pfanne oder einem Topf erhitzen. Das Gemüse hineingeben und einige Minuten unter Rühren dünsten lassen, dann Knoblauch und Basilikum dazugeben, salzen, pfeffern und noch weitere 2 Minuten dünsten. Die Zucchini aushöhlen und das Fruchtfleisch zur Gemüsemasse geben. Die Masse etwas abkühlen lassen. Den Käse reiben und

⅔ davon mit den aufgeschlagenen Eiern zu der Gemüsemischung geben. Die Nudeln in wenigen Minuten in Salzwasser bißfest kochen, abtropfen lassen und hinzugeben. Die Masse mit Salz und Pfeffer abschmecken und in die gesalzenen Zucchinihälften füllen. Den restlichen Käse darüberstreuen. Eine Auflaufform einfetten und die Zucchini hineinlegen. Etwa 8 – 15 Minuten in dem auf 200 – 210 °C vorgeheizten Ofen backen. Mit Basilikumblättchen garniert servieren.

*D*ie Italiener nennen sie *auch liebevoll Zucchetti und meinen damit kleine Kürbisse. Zucchini zeichnen sich durch einen hohen Vitamingehalt sowie Kalcium und Eisen aus. Sie werden deswegen auch gerne roh gegessen. Durch ihren ziemlich neutralen Eigengeschmack lassen sie sich gut mit anderen Gemüsen und aromatischen Kräutern mischen und sind außerdem zum Füllen vorzüglich geeignet.*

FAZZOLETTI

FAZZOLETTI MIT PFIFFERLINGEN

Für den Teig:
150 g Weizenmehl
50 g Hartweizengrieß
2 Eier, 1 Eigelb, Salz
Für die Sauce:
2 Frühlingszwiebeln
1 Knoblauchzehe
300 g kleine Pfifferlinge
40 g Butter
⅛ – ¼ Liter süße Sahne
weißer Pfeffer
½ Bund glatte Petersilie

Pro Person etwa
430 kcal / 1800 kJ
12 g E · 22 g F · 41 g Kh

FAZZOLETTI IM MANTEL

4 Mangoldblätter
4 Fazzoletti aus
Nudelteig (siehe oben)
Salz, 1 EL Öl
200 g gekochtes oder
gedünstetes
Seehechtfilet
1 TL Zitronensaft, 2 Eier
6 EL Paniermehl
Pfeffer, 1 Zwiebel
1 Knoblauchzehe
200 ml süße Sahne
20 g Butter

Pro Person etwa
396 kcal / 1656 kJ
16 g E · 25 g F · 18 g Kh

FAZZOLETTI MIT PFIFFERLINGEN (unten)

Für den Teig: Aus den links angegebenen Zutaten wie auf S. 10/11 beschrieben einen Nudelteig herstellen. Vom Teig etwa ⅓ abschneiden und in Folie eingepackt am nächsten Tag für die Fazzoletti im Mantel verwenden. Den anderen Teiganteil nach dem Ruhen dünn ausrollen und Quadrate von etwa 8 cm Seitenlänge ausschneiden.

Für die Sauce: Die Frühlingszwiebeln in Ringe schneiden. Knoblauchzehe zerdrücken und die Pfifferlinge waschen und putzen. Die Butter erhitzen, Frühlingszwiebeln darin andünsten, Knoblauch und Pfifferlinge zugeben und etwa 4–5 Minuten unter Rühren dünsten lassen. Die Sahne zufügen, salzen, mit frisch gemahlenem weißem Pfeffer würzen und Flüssigkeit etwas einkochen lassen. Die gehackte Petersilie darüberstreuen.

Die Fazzoletti einige Minuten in kochendes Salzwasser (versetzt mit 1 EL Öl) geben und bißfest kochen, herausnehmen und abtropfen lassen. Jeweils 3 Fazzoletti auf vorgewärmten Tellern anordnen und die Pfifferlinge darauf verteilen.

FAZZOLETTI IM MANTEL (oben)

Von den Mangoldblättern den dicken Stengel abschneiden. Die Blätter waschen, etwa 2 Minuten in kochendem Salzwasser blanchieren, mit kaltem Wasser abschrecken und abtropfen lassen. Fazzoletti einige Minuten in kochendem Salzwasser unter Hinzugabe von 1 Eßlöffel Öl bißfest kochen. Den Fisch zerpflücken, mit Zitronensaft beträufeln, Eier und Paniermehl zufügen, vermengen, salzen und mit frisch gemahlenem weißen Pfeffer würzen. Mangoldblätter auf die Tischplatte legen, darauf jeweils 1 Teigblatt legen und die Fischfarce daraufstreichen. Mangoldblätter aufrollen. Die Zwiebel reiben, Knoblauchzehe zerdrücken. Butter in einem Topf erhitzen. Geriebene Zwiebel hineingeben, etwa 1 Minute unter Rühren andünsten, dann zerdrückten Knoblauch und Sahne zufügen und etwa 2 Minuten köcheln lassen. Eine Auflaufform einfetten. Mangoldröllchen hineinlegen, mit der Sahnesauce begießen und 8–12 Minuten in den auf 180 °C vorgeheizten Ofen stellen.

Marokkanische Phantasie

1 große Zwiebel
1 TL schwarzer Pfeffer
1 TL edelsüßer Paprika
½ TL Ingwerpulver
½ TL Zimt
¼ TL Kardamom
¼ TL Kreuzkümmel
¼ TL Koriander
¼ TL Macis (Muskatblüte)
2 Messerspitzen
Muskatnuß
2 Messerspitzen Nelken
2 Messerspitzen
Cayennepfeffer
400 g Gehacktes vom
Lamm
4 EL Olivenöl
Salz
400 g dünne Bandnudeln
nach Grundrezept
(S. 10/11)
2 Zweige Minze

Pro Person etwa
817 kcal/3418 kJ
26 g E · 32 g F · 74 g Kh

Die Zwiebel hacken. Die Gewürze vermischen (außer Salz), zu dem Hackfleisch geben und gut verkneten. Das Olivenöl erhitzen, das Fleisch hineingeben, die Zwiebeln zufügen und alles gut anbraten. Zunächst ¼ Liter Wasser zugießen, salzen und köcheln lassen. Nach Bedarf Wasser zufügen und insgesamt ungefähr 40–50 Minuten bei geringer Hitze köcheln lassen, nochmals abschmecken. Die Nudeln in Salzwasser bißfest kochen, abgießen. Nudeln auf Tellern verteilen und Fleischsauce darübergeben. Mit Minzeblättchen garnieren.

*D*ie Grundidee für dieses Gericht kommt aus Marokko, es wird mit einer Mischung gewürzt, die man „Ras el Hanout" nennt, das bedeutet soviel wie „die Mischung des Ladenbesitzers". Versuchen Sie einmal die Gewürze nach eigenem Geschmack zusammenzustellen. Dazu benötigen Sie vielleicht Kreuzkümmel, Thymian, Rosmarin, Lavendel, Muskat, Kardamom, Gewürznelke, Zimt, Ingwer und Pfeffer. In orientalischen Geschäften wird „Ras el Hanout", das noch einige weitere geheimnisvolle Zutaten aus – beziehungsweise für – 1001 Nacht enthält, auch fertig abgepackt angeboten.

NUDEL-GUGELHUPF

250 g Nudeln
(z. B. Penne, Penne rigate)
100 g tiefgekühlte Erbsen
2 Frühlingszwiebeln
100 g Champignons
100 g roher Schinken
1 Bund Petersilie
30 g Butter und zusätzlich
Butter zum Ausstreichen
der Form
4 Eier
¼ Liter süße Sahne
Salz
frisch gemahlener
schwarzer Pfeffer
50 g frisch geriebener
Parmesankäse

Pro Person etwa
971 kcal/4062 kJ
25 g E · 43 g F · 50 g Kh

Die Nudeln in Salzwasser bißfest kochen, mit kaltem Wasser abschrecken und abtropfen lassen. Die Erbsen einige Minuten in wenig Wasser kochen. Frühlingszwiebeln in schmale Ringe, Champignons in Scheiben und den Schinken in feine Streifen schneiden. Die Petersilie hacken. Die Butter erhitzen. Frühlingszwiebeln und Champignons 5 Minuten darin andünsten, dann etwas abkühlen lassen. Eier und Sahne verrühren, salzen, pfeffern, den geriebenen Käse zufügen und die Eiersahne mit allen anderen Zutaten mischen. Eine Gugelhupfform von 19−20 cm Durchmesser gut mit Butter ausstreichen, die Masse einfüllen. Gugelhupfform mit Alufolie abdecken und in ein Wasserbad stellen, das Wasser soll nur bis etwa 3 cm unter den Rand der Form reichen. Im auf 180°C vorgeheizten Backofen etwa 60 Minuten garen. Das Wasser sollte nicht kochen. Wenn Sie ein Mikrowellengerät haben, Masse in eine mikrowellengeeignete Form geben und bei 600 Watt 18−20 Minuten garen. 5 Minuten noch im Mikrowellengerät belassen. Dann stürzen und die Tomaten-Sauce von S. 124 dazureichen.

Das lustige Wort „Gugelhupf" hat seine Wurzeln im lateinischen cucullus, *aus dem dann die „Gugel" wurde, eine Kopfbedeckung mit Kragen, die Bauern bis ins 16. Jahrhundert getragen haben. Die runde, tiefe Kuchenform für den Gugelhupf aus Hefeteig kann auch für Nudelauflauf zweckentfremdet werden.*

PETERSILIENLASAGNE MIT JAKOBSMUSCHELN

Für den Teig:
150 g Weizenmehl
1 Ei
1 Eigelb
Salz
1 TL Olivenöl
1 EL Wasser

12 glatte Blätter Petersilie
2 Schalotten
2 Knoblauchzehen
40 g Butter
12 ausgelöste
Jakobsmuscheln
Salz
frisch gemahlener
weißer Pfeffer
⅛ Liter trockener
Weißwein
⅛ Liter Fischfond
⅛ Liter süße Sahne

Pro Person etwa
400 kcal/1674 kJ
12 g E · 20 g F · 34 g Kh

Für den Teig: Aus den links angegebenen Zutaten wie auf S. 10/11 beschrieben einen Nudelteig herstellen und ruhen lassen. Petersilienblätter waschen und gut trockentupfen. Die Schalotten hacken und die Knoblauchzehen zerdrücken. Die Butter erhitzen. Zwiebeln und Knoblauch andünsten, ohne daß sie Farbe annehmen. Jakobsmuscheln zufügen, salzen, pfeffern, 1 Minute weiterdünsten, dann mit Weißwein und Fischfond ablöschen. Noch eine weitere Minute darin ziehen lassen. Die Jakobsmuscheln herausnehmen und warm stellen. Süße Sahne in die Sauce rühren und etwas einkochen lassen.

Den Nudelteig dünn ausrollen. Die Petersilienblätter auf dem Nudelteig verteilen. Eine Schicht dünn ausgerollten Teig darauflegen und nochmals darüberrollen. Eventuell auch durch die Nudelmaschine laufen lassen. Lasagneblätter von etwa 8 × 8 cm ausschneiden oder je nach Größe der Petersilienblätter. In kochendes Salzwasser geben, etwa 3−4 Minuten kochen lassen, vorsichtig herausnehmen und auf vorgewärmten Tellern anrichten. Die Jakobsmuscheln mit Sauce auf den Lasagneblättern anrichten.

Jakobsmuscheln werden auch Fächer-, Kamm- oder Pilgermuscheln genannt, sie zählen zu den feinsten Leckerbissen, die die Küsten an Atlantik und Mittelmeer zu bieten haben. Wer sie nicht frisch kaufen kann, ist auch mit tiefgefrorenen oder in Dosen konservierten Exemplaren gut bedient.

NUDELTERRINE
SPAGHETTITORTE

NUDELTERRINE
300 g Brokkoli
2 Karotten, Salz
130 g grüne Bandnudeln
(Fettuccine oder auch
Tagliatelle)
2 – 3 EL Gemüsebrühe
4 Eier
150 ml süße Sahne
frisch gemahlener
weißer Pfeffer
abgeriebene Muskatnuß
Butter für die Form
3 EL Paniermehl

Pro Person etwa
467 kcal/1954 kJ
16 g E · 22 g F · 38 g Kh

SPAGHETTITORTE
150 g Spaghetti
2 Zwiebeln
450 g Lauch, 45 g Butter
1 ½ EL Vollkornmehl
¼ Liter Gemüse- oder
Fleischbrühe
¼ Liter Milch, Salz
schwarzer Pfeffer
Muskatblüte (ersatzweise
Muskatnuß)
200 g gekochter Schinken
3 Eier
Butter für die Form

Pro Person etwa
654 kcal/2736 kJ
23 g E · 35 g F · 42 Kh

NUDELTERRINE (oben)
Brokkoli und Karotten putzen.
Die Karotten in dünne Scheiben
schneiden, Brokkoli in Röschen
teilen, Stiele in Scheiben schneiden. ⅛ Liter Wasser erhitzen,
salzen und das Gemüse in etwa
6 Minuten bißfest garen. Nudeln
in Salzwasser bißfest garen.
2 – 3 Eßlöffel Gemüsebrühe und
die Nudeln zum Gemüse geben.
Eier und Sahne verquirlen, salzen,
pfeffern, mit Muskat abschmekken und über die Nudeln und das
Gemüse geben.
Eine Terrinenform von etwa
20 cm Länge gut ausbuttern, mit
Paniermehl ausstreuen und die
Nudelmischung hineingeben. Mit
Alufolie abdecken. Terrinenform
in ein Wasserbad stellen. Das
Wasser soll nur bis etwa 3 cm
unter den Rand der Terrinenform
reichen. Im Wasserbad im auf
180 °C vorgeheizten Backofen
etwa 1 Stunde garen.
Oder in der Mikrowelle abgedeckt
mit mikrowellengeeigneter Folie
bei 360 Watt 20 Minuten garen.
Eine holländische Sauce oder
auch eine Käsesauce paßt ausgezeichnet dazu.

SPAGHETTITORTE (unten)
Die Spaghetti in reichlich Salzwasser bißfest kochen. Zwiebeln
hacken, Lauch gut säubern und in
Ringe schneiden. Die Butter erhitzen, die Zwiebeln darin glasig
werden lassen. Lauch dazugeben,
5 Minuten dünsten, mit Mehl
überstäuben, kurz durchschwitzen und mit Brühe und Milch
ablöschen. Würzen, 5 Minuten
köcheln lassen und den in Streifen
geschnittenen Schinken zufügen.
Vom Herd nehmen. Die Eier verquirlen, etwas von der Sauce zufügen, verrühren und dann zum
Lauchgemüse geben. Eine Kera-
miktortenform von 32 cm Durchmesser einfetten, mit Spaghetti
auslegen. Lauchgemüse daraufgeben und im vorgeheizten Ofen
bei 200 °C etwa 20 – 25 Minuten
backen.

MALFATTI

500–600 g frischer Spinat
oder 400 g tiefgekühlter
Blattspinat
1 Zwiebel
1 Knoblauchzehe
30 g Butter
150 g Ricotta
2 Eier
100 g Mehl
30 g Buchweizenmehl
45 g frisch geriebener
Parmigiano Reggiano
(Parmesankäse)
Salz
frisch gemahlener
weißer Pfeffer
2 Messerspitzen
abgeriebene Muskatnuß

Zum Beträufeln:
etwa 30 g Butter

Zum Bestreuen: frisch
geriebener Parmesankäse

Pro Person etwa
783 kcal/3276 kJ
30 g E · 30 g F · 29 g Kh

Den Spinat verlesen, putzen, die groben Stiele abschneiden und sorgfältig waschen. Den Spinat in einen Topf geben, im eigenen Saft zusammenfallen lassen. Wenn Sie tiefgekühlten Spinat verwenden, zuerst auftauen lassen. Spinat hacken, pürieren oder durch die feine Scheibe des Fleischwolfs treiben. Die Zwiebel hacken, Knoblauchzehe zerdrücken. Butter auslassen und die Zwiebel darin andünsten. Spinat und Knoblauch zufügen und kurz (etwa 2–3 Minuten) dünsten, anschließend auskühlen lassen. Ricotta, Spinat, Eier, Mehl, Buchweizenmehl und Parmesankäse nach und nach zufügen und gut verrühren. Mit Salz, Pfeffer und Muskatnuß würzen. Etwa 20 Minuten nicht zu warm stehen lassen.

Von der Masse mit einem Eßlöffel Nocken abstechen, in reichlich siedendes Wasser geben und ziehen lassen. Wenn sie an die Oberfläche kommen, noch 3–4 Minuten ziehen lassen, dann mit einer Schaumkelle herausnehmen, abtropfen lassen und auf einer vorgewärmten Platte oder in einer Schüssel anrichten. Butter zum Schmelzen bringen, darüberträufeln und servieren. Nach Belieben mit frisch geriebenem Parmesankäse bestreuen.

Die Malfatti, auch Spinatgnocchi genannt, sind eine Spezialität aus der Lombardei. Sie können sich im Widerspruch zu ihrem Namen, der soviel wie „die schlecht Gemachten" bedeutet, sehr wohl mit raffinierten Nudelkonkurrenten messen. Nur haben die Malfatti eben eine einfachere Form, und wie so oft im Leben kommt es auch bei den Nudeln vor, daß eleganter gekleidete Leute weniger schicke automatisch für minderwertig oder schlecht halten. Diese Malfatti werden Sie bestimmt eines Besseren belehren.

FERNÖSTLICHE GLASNUDELSUPPE

Selbst wenn die Menge der Glasnudeln auch noch so beeindruckend ist, die die beiden zu Markte tragen, so können diese dünnen Gebilde nicht allzu schwer sein.

6 g getrocknete
Wolkenohren
1 Zwiebel
1 Stange Lauch
2 Stangen Staudensellerie
2 Karotten
300 g Brokkoli
60 g Glasnudeln (Soeoen)
2–3 EL Sojaöl
1½ Liter Gemüsebrühe
Salz
frisch gemahlener weißer
Pfeffer
2 EL Indonesische
Sojasauce
1 EL Miso
(Sojabohnenpaste)
2 Messerspitzen Ingwer
oder frischer Ingwer
12 Scampi
½–1 Bund Koriander

Pro Person etwa
222 kcal/929 kJ
26 g E · 35 g F · 15 g Kh

Die Wolkenohren mit kochendem Wasser übergießen und ½ Stunde stehen lassen. Die Zwiebel hacken. Lauch, Staudensellerie und Karotten in schmale Ringe beziehungsweise Scheiben schneiden. Brokkoli in Röschen teilen. Glasnudeln eventuell kleiner schneiden, dann 3–5 Minuten kochen, mit kaltem Wasser abschrecken und beiseite stellen. Das Öl erhitzen. Das Gemüse kurz darin andünsten, mit der Brühe ablöschen. Brokkoli und eingeweichte Pilze (das Pilzwasser wegschütten) in die Suppe geben. Salzen, pfeffern, Sojasauce, Miso und Ingwer zufügen und abschmecken. Scampi hineingeben, kurz erhitzen. Mit Korianderblättchen bestreut servieren.

CHINESISCHE BAUERNSUPPE

Für etwa 6 Personen

5–6 getrocknete
chinesische Pilze

Für die Marinade:
2–3 EL Pilz-Sojasauce
(Mushroomsauce)
4 EL Reiswein oder
halbtrockener Sherry
1 TL Sesamöl
Salz
frisch gemahlener
schwarzer Pfeffer

180 g Schweinefleisch
1½ EL Kartoffelmehl
80–100 g Bambus-
schößlinge (Dose)
80 g Reisnudeln (Mihoen)
1½ Liter Fleischbrühe
2 Eier
3 EL Weißweinessig
1 Prise Zucker
3–4 Stengel Koriander

Pro Person etwa
250 kcal/1046 kJ
12 g E · 25 g F · 20 g Kh

Die Pilze abspülen und in warmem Wasser für ½ Stunde einweichen.
Für die Marinade: Pilz-Sojasauce, Reiswein, Sesamöl, Salz und Pfeffer in einem Schüsselchen verrühren. Das Fleisch in dünne Streifen schneiden, in die Marinade geben, mit Kartoffelmehl bestäuben und 20–30 Minuten stehenlassen.
Bambusschößlinge in Streifen schneiden. Die Reisnudeln 5 Minuten in heißem Wasser einweichen. Die Fleischbrühe erhitzen, das Fleisch samt Marinade und den abgetropften, in dünne Streifen geschnittenen Pilzen hineingeben, mit Salz und Pfeffer würzen, etwa 10 Minuten kochen lassen. Bambusschößlinge und abgetropfte Reisnudeln zufügen, erneut zum Kochen bringen und die verquirlten, gesalzenen Eier hineinlaufen lassen, dabei umrühren, daß sie flockig werden. Sofort vom Herd nehmen. Mit Essig und Zucker würzen und nochmals mit Pilz-Sojasauce, Reiswein, Salz und Pfeffer abschmecken. Korianderblättchen zerpflücken und über die Suppe geben.

Der scharf-saure Geschmack dieser Suppe ist bei den Chinesen in Szetschuan beliebt. Man muß aber nicht erst Chinese werden, um bei sich vielleicht schon auf Anhieb die gleiche Vorliebe zu entdecken.

WON-TAN-SUPPE

Für 6–7 Personen

Für den Teig:
300 g Mehl
1 Ei
100 ml Wasser
Salz

Für die Füllung:
1 EL Sojasauce
1 EL Reiswein (ersatzweise trockener Sherry)
1 TL Speisestärke
1 TL Sesamöl
½ TL Salz
frisch gemahlener weißer Pfeffer
½ TL Zucker
250 g Schweinehack
3 Frühlingszwiebeln
60 g Bambussprossen (aus der Dose)
1 Ei

1 Eiweiß
2 Liter Fleischbrühe
Nach Belieben: Sojasauce, Pfeffer, Sesamöl
1–2 Frühlingszwiebeln

Pro Person etwa
850 kcal/3556 kJ
31 g E · 15 g F · 68 g Kh

Für den Teig: Mehl, Ei, Wasser und Salz verrühren, dann kneten, bis der Teig geschmeidig ist und glänzt. Den Teig unter einer Schüssel etwa 1 Stunde ruhen lassen.
Für die Füllung: Sojasauce, Reiswein, Speisestärke, Sesamöl, Salz, Pfeffer und Zucker miteinander verrühren und mit dem Schweinehack vermengen. Die Frühlingszwiebeln waschen und in Ringe schneiden, die Bambussprossen fein schneiden. Frühlingszwiebeln, Bambussprossen und das Ei zu dem Schweinehack geben und verkneten, nochmals abschmecken.
Den Teig auf einer bemehlten Arbeitsfläche dünn ausrollen. Quadrate von etwa 7–8 cm ausschneiden. Das Teigblatt in die Hand nehmen, etwas Füllung daraufgeben, die Teigquadrate wie ein Beutelchen zusammenfassen und oben etwas drehen, damit sie geschlossen sind.
In einem großen Topf Salzwasser zum Kochen bringen. Die Won-Tans hineingeben und etwa 5 Minuten kochen lassen. Fleischbrühe erhitzen. Won-Tans herausnehmen und in die heiße Fleischbrühe geben. Nach Belieben mit Sojasauce, Pfeffer und Sesamöl würzen. In dünne Ringe geschnittene Frühlingszwiebeln darüberstreuen.

*D*ie chinesische Küche kann in den einzelnen Provinzen recht unterschiedlich sein. So zählen die Won-Tans, die Nudeltaschen, die in einer heißen Fleischbrühe angerichtet werden, mit zu den Nationalgerichten des Nordens. Sie können in vielen verschiedenen Formen gefaltet sein; in den Küstenregionen werden sie auch mit einer Füllung aus Meeresfrüchten angeboten.

MINESTRONE

Für 5–6 Personen

250 g getrocknete Borlotti-Bohnen
200 g grüne Bohnen
2 Stangen Lauch
2 Zucchini
3 Karotten
1 kleiner Wirsingkohl von etwa 600 g
6 Tomaten
5 Sellerieblätter
1 Bund glatte Petersilie
200 g magerer Bauchspeck
2 EL Olivenöl
2–2½ Liter Fleischbrühe
Salz
frisch gemahlener schwarzer Pfeffer
300 g Nudeln (Ditali oder eine andere Nudelart)

Zum Servieren:
Basilikumpesto
frisch geriebener Parmesankäse

Pro Person etwa
759 kcal/3176 kJ
26 g E · 31 g F · 72 g Kh

Tip:
Borlotti-Bohnen sind eine beliebte Zutat für Minestrone. Sollten Sie gerade keine vorrätig haben, können Sie auch einfach eine andere Sorte wie etwa Wachtelbohnen nehmen.

Die getrockneten Bohnen über Nacht in kaltem Wasser einweichen. Am nächsten Tag die Bohnen ungesalzen im Einweichwasser etwa 1 Stunde kochen. Inzwischen die grünen Bohnen putzen und in Stücke schneiden. Den Lauch gut waschen und in Ringe schneiden, Zucchini und Karotten waschen bzw. schaben und würfeln.
Den Wirsingkohl vierteln, den Strunk entfernen und den Kohl feinstreifig schneiden. Die Tomaten mit kochendem Wasser überbrühen, die Haut abziehen und Fruchtfleisch hacken. Sellerieblätter und Petersilie fein wiegen. Den Bauchspeck würfeln. In einem großen Topf den Bauchspeck in dem Olivenöl auslassen und die grünen Bohnen, den Lauch, die Karotten und den Wirsing hineingeben. Etwa 8 Minuten unter Rühren andünsten. Dann Tomaten, Zucchini und Sellerieblätter zu dem Gemüse geben, etwa 2–2½ Liter Fleischbrühe zufügen, salzen, pfeffern und etwa 20 Minuten köcheln lassen. Das Gemüse sollte noch Biß haben. Eventuell noch etwas Brühe nachgießen. Nudeln zufügen und weitere 9–10 Minuten kochen lassen. Die gekochten abgetropften Borlotti-Bohnen und

die Petersilie hinzugeben. Mit Pesto (S. 76) und frisch geriebenem Parmesankäse servieren.

Die Minestrone ist eine jener typisch italienischen Suppen, für die sich alle Gemüse quer durch den Garten eignen. Unverzichtbar für die Bewohner Liguriens ist das kräftige Basilikum-Pesto. Von diesem werden einige Häufchen auf die angerichteten Teller gegeben, so wird die Suppe geschmacklich verfeinert.

HÜLSENFRUCHTSUPPE MIT FADENNUDELN

Für 4–6 Personen

120 g Linsen
120 g Kichererbsen
1 Zwiebel
1 Lorbeerblatt
1 TL Kurkuma
½ TL Zimt
2 Messerspitzen
Kreuzkümmel
2 Messerspitzen Koriander
2 Messerspitzen
Ingwerpulver
½ TL Paprika, edelsüß
1 kleine Dose Tomaten
2 EL Tomatenmark
etwa ½ Liter
Hühnerbrühe
Salz
frisch gemahlener weißer
Pfeffer
120 g Fadennudeln
1 Bund glattblättrige
Petersilie

Pro Person etwa
375 kcal/1569 kJ
20 g E · 2 g F · 62 g Kh

Tip:
*Beim Einkauf sollte darauf
geachtet werden, daß die
Erbsen möglichst aus der
letzten Ernte stammen,
denn das verkürzt die
Einweichzeit.*

Linsen und Kichererbsen über Nacht in 1½ Liter Wasser einweichen. Am nächsten Tag im Einweichwasser mit der Zwiebel, dem Lorbeerblatt und den Gewürzen aufsetzen und zum Kochen bringen. Etwa 1 Stunde köcheln lassen, bis die Hülsenfrüchte weich sind. Die Tomaten mit dem Tomatensaft und das Tomatenmark zufügen und alles pürieren, das geht am besten im Mixer. Dann die Hühnerbrühe zufügen, salzen, pfeffern, aufkochen lassen und die Fadennudeln hineingeben.
Eventuell noch etwas Brühe nachgießen und 2 Minuten kochen lassen. Mit gehackter Petersilie bestreut servieren.

Die schon von den frühen Kulturen im Vorderen und Mittleren Orient angebauten Kichererbsen haben in zunehmendem Maß Eingang in die Küchen Mitteleuropas gefunden, nicht zuletzt wegen ihrem nußartigen Geschmack.

Nudelsuppe mit Dahllinsen und Lammfleisch

80 g Dahllinsen
(geschälte Linsen)
½ frische Chilischote
1 Frühlingszwiebel
½ Stange Lauch
1 Karotte
1 Stück Sellerieknolle
1 kleine Aubergine
1 Knoblauchzehe
½ Bund glatte Petersilie
½ Bund Koriander
1 EL Butter
1–2 TL Currypulver
2 Messerspitzen
Ingwerpulver
2 EL Tomatenmark
etwa 500 g Lammschulter
mit Knochen
100 g Suppennudeln
(z. B. Ditali)
Salz
frisch gemahlener
schwarzer Pfeffer
gut 125 g Crème fraîche

Pro Person etwa
720 kcal/3012 kJ
26 g E · 33 g F · 38 g Kh

Die Linsen einige Stunden in
½ Liter Wasser einweichen. Die
Chilischote aufschneiden, Kerne
entfernen, Schote fein hacken,
Frühlingszwiebel und Lauch
waschen und in schmale Ringe
schneiden. Karotte, Sellerie und
Aubergine würfeln und die Knoblauchzehe zerdrücken. Petersilie
und Koriander hacken. Einige
Korianderblättchen zurückbehalten.
Butter erhitzen. Alle Gemüse einige Minuten darin unter Rühren
dünsten. Mit Currypulver, Ingwer
und Tomatenmark würzen. Mit
1¼ Liter Wasser ablöschen,
erhitzen und das Lammfleisch
hineingeben. Nach 15 Minuten
die Linsen samt Einweichwasser
zufügen und 20–25 Minuten
köcheln lassen. 10 Minuten vor
Ende der Garzeit die Nudeln zugeben und gar kochen. Salzen,
pfeffern und abschmecken. Das
Fleisch herausnehmen, von dem
Knochen lösen und in Stücke
geschnitten wieder in die Suppe
geben.
Suppe in die Teller geben und mit
Korianderblättchen bestreuen.
Crème fraîche mit zerdrücktem
Knoblauch, Salz und etwas Pfeffer
verrühren und je 1 Löffel davon
auf die Suppenteller verteilen.

Asien ist die Heimat der schon seit Jahrtausenden kultivierten Hülsenfrüchte. Besonders Linsen waren immer wegen ihrem Geschmack, ihrer Nahrhaftigkeit und Bekömmlichkeit sehr beliebt. So berichtet die Bibel, daß Jakob seinem Bruder das Erstgeburtsrecht für ein Linsengericht abluchste. Dahllinsen werden oft geschält als rote Linsen angeboten. Sie brauchen deshalb nur eine kurze Einweichzeit.

NUDEL-LINSEN-EINTOPF
NUDEL-LINSEN-SUPPE

NUDEL-LINSEN-EINTOPF
200 g Linsen
¼ Liter Rotwein
1 Lorbeerblatt
2 Zweige frischer Thymian
1 TL getrockneter Oregano
1 Knoblauchzehe
150 g Nudeln
20 geröstete geschälte
Maronen
200 g Knoblauchwurst
Salz, weißer Pfeffer

Pro Person etwa
700 kcal/2929 kJ
27 g E · 26 g F · 76 g Kh

NUDEL-LINSEN-SUPPE
150 g Linsen, 1 Zwiebel
1 Knoblauchzehe
1 Stange Lauch, 1 Karotte
1 Stück Sellerieknolle
1 kleines Stück Blumenkohl
250 g magerer
geräucherter Speck
30 g Butter
1 ½ Liter Gemüsebrühe
1 Lorbeerblatt
1 Zweig Majoran
½ TL Piment
150 g Fadennudeln
Salz, schwarzer Pfeffer
1 Bund glatte Petersilie

Pro Person etwa
516 kcal/2160 kJ
30 g E · 38 g F · 60 g Kh

NUDEL-LINSEN-EINTOPF (oben)
Die Linsen über Nacht in Wasser
einweichen. Am nächsten Tag mit
1 ½ Liter frischem Wasser, Rotwein, Lorbeerblatt, Thymian,
Oregano und der geschälten
Knoblauchzehe aufsetzen und
zum Kochen bringen. Etwa
35 – 50 Minuten (je nach Alter
der Linsen) köcheln lassen.
Nudeln, geröstete und geschälte
Maronen und die in Stücke
geschnittene Knoblauchwurst
etwa 10 Minuten vor Ende der
Garzeit hineingeben, salzen und
pfeffern. Möglichst in einem irde-
nen Topf servieren.

*Dieser wärmende und sätti-
gende Eintopf paßt so richtig
in die kalte Jahreszeit. Die gerö-
steten Maronen geben den Ton
an. Wer läßt sich nicht gerne an
den Duft frisch gerösteter Maronen auf den jährlichen Weih-
nachtsmärkten erinnern?*

NUDEL-LINSEN-SUPPE (unten)
Die Linsen über Nacht in Wasser
einweichen. Die Zwiebel hacken,
Knoblauchzehe zerdrücken,
Lauch und Karotte in Scheiben,
Sellerie und Blumenkohl in
Stücke schneiden. Den Speck
würfeln. In einem größeren Topf
die Butter zerlaufen lassen. Speck
zugeben und darin die Zwiebel
andünsten, dann das Gemüse
zugeben. Nach etwa 6 Minuten
die eingeweichten und abgetropften Linsen und die Gemüsebrühe
mit Lorbeerblatt, Majoran und
Piment zufügen, etwa 25 – 35
Minuten köcheln lassen. 3 Minuten vor Ende der Garzeit die
Nudeln zugeben und mitgaren.
Salzen, pfeffern, nochmals
abschmecken und mit Petersilie
bestreut anrichten.

*Je älter die Linsen sind, um so
länger dauert die Einweich-
bzw. Kochzeit. Daher empfiehlt
sich die Verwendung von Linsen
aus der letzten Ernte.*

GAISBURGER MARSCH

1 Stange Lauch
1 Karotte
1 Stück Sellerieknolle
1 Bund Petersilie
500 g Kartoffeln
etwa 300 g
Suppenknochen
400 g Rindfleisch
Salz

Für die Spätzle:
100 g Weizenvollkornmehl
100 g Weizenmehl
2 Eier
1 TL Salz
1 TL Öl
etwa ⅛ Liter Wasser

frisch gemahlener
weißer Pfeffer
1 Messerspitze
abgeriebene Muskatnuß
2 Zwiebeln
30 g Butter

Pro Person etwa
755 kcal/3158 kJ
29 g E · 22 g F · 70 g Kh

Gemüse gut waschen und schaben bzw. schälen. Lauch in Ringe schneiden. Karotte und Sellerie würfeln. Petersilie hacken. Kartoffeln schälen und in Schnitze schneiden. Knochen, Lauch, Karotte und Sellerie in 1½ Liter kaltes Wasser geben und zum Kochen bringen, dann das Fleisch einlegen und salzen. Etwa 1 – 1½ Stunden sieden lassen. In den letzten 20 Minuten die Kartoffelschnitze zufügen.

Für die Spätzle: In der Zwischenzeit mit den links angegebenen Zutaten nach der auf S. 18/19 beschriebenen Anleitung Spätzle zubereiten.

Das Fleisch herausnehmen und würfeln, dann samt Petersilie zurück in die Suppe geben, ebenso die Spätzle. Mit Salz, Pfeffer und etwas Muskat würzen. Zwiebeln hacken. Butter schmelzen lassen und die Zwiebelwürfel darin goldgelb braten. Zwiebeln samt Fett über die Suppe geben und servieren.

Gaisburger Marsch ist nicht etwa ein Marsch – zumindest nicht mehr –, sondern der Name für einen kräftigen Eintopf, für den Rekruten vor langer Zeit sogar einen langen Marsch auf sich nahmen. Den über die schwäbischen Grenzen hinaus bekannten Eintopf erfand einst ein Wirt in Gaisburg bei Stuttgart. Wer sich damit gestärkt hatte, konnte ohne Mühe zurückmarschieren und war nach der Ankunft immer noch bei Kräften.

Nudeln mit Sauce oder Ragout

PESTO AUS MINZE ÜBER MAKKARONI

*P*inien mit ihren schirmähn-
lichen, Ruhe ausstrahlenden
Kronen gehören zum typischen
Landschaftsbild des Mittelmeer-
raumes. Die kleinen Kerne aus
ihren kugelförmigen, länglichen
Zapfen verleihen in pürierter
Form den Pesto-Saucen die rich-
tige Konsistenz und den nussigen
Geschmack.

60 g Pinienkerne
8 Stengel Minze
10 – 12 Blätter Borretsch
8 – 10 EL Olivenöl
Salz
frisch gemahlener
schwarzer Pfeffer
400 g Makkaroni

Pro Person etwa
720 kcal/3012 kJ
16 g E · 37 g F · 74 g Kh

Die Pinienkerne in einer trockenen Pfanne unter Rühren rösten.
Minzblättchen von den Stielen
zupfen, waschen und trockentupfen. Borretsch, Minze, Pinienkerne und Olivenöl zusammen
pürieren, das geht am besten im
Mixer. Salzen und pfeffern. Eventuell nochmals Olivenöl zufügen,
bis die gewünschte Konsistenz
erreicht ist. Makkaroni in Salzwasser in etwa 10 Minuten bißfest kochen, abgießen. Pesto über
die Makkaroni geben und vermischen. Heiß servieren.

PAPPARDELLE MIT HASENRAGOUT

Für 6–8 Personen

1 Hase von etwa 2 kg
Gewicht

Für die Marinade:
2 Zwiebeln, 2 Karotten
2 Selleriestangen
3 Zweige Thymian
(oder getrocknet)
½ Bund Petersilie
3 Wacholderbeeren
6 schwarze Pfefferkörner
3 Lorbeerblätter
1 Liter Chianti
12 EL Olivenöl
Salz, Pfeffer

Für die Nudeln:
200 g Weizenmehl
200 g Hartweizengrieß
4 Eier, 1 Eigelb
Salz
eventuell noch
2 TL Olivenöl
1 EL Öl zum Kochen der
Pappardelle

30 g Butter, 15 g Mehl
¼ Liter süße Sahne
Salz
frisch gemahlener
weißer Pfeffer
1 Hasenleber
20 g Butter zum Braten
der Leber

Pro Person etwa
1035 kcal/4330 kJ
55 g E · 42 g F · 46 g Kh

Den Hasen am besten schon im Geschäft zerlegen lassen oder zu Hause den Hasen in Portionsstücke schneiden. Stücke einen Tag lang marinieren lassen.
Für die Marinade: Die Zwiebeln hacken, Karotten und Selleriestangen waschen und in Scheiben schneiden. Ragoutstücke mit Gemüse, Thymian, Petersilie, Wacholderbeeren, Pfefferkörnern und Lorbeerblättern in eine Schüssel geben. Den Wein und die Hälfte des Olivenöls darübergießen. Am nächsten Tag die Marinade abgießen und beiseite stellen.
Die Fleischstücke trockentupfen und in dem restlichen erhitzten Olivenöl von allen Seiten gut anbraten, salzen und pfeffern. Die Marinade samt Gemüsestückchen angießen und etwa 1 ½ bis 1 ¾ Stunden schmoren lassen.
Für die Nudeln: Zwischenzeitlich aus den links angegebenen Zutaten wie auf S. 10/11 beschrieben einen Nudelteig herstellen. Nach dem Ruhen und Ausrollen die 2 cm breiten Pappardelle schneiden.
Das Fleisch aus dem Topf nehmen, von den Knochen lösen und zerkleinern. Die Butter erhitzen, das Mehl in der Butter leicht durchdünsten, den Bratensaft nach und nach unter fortwährendem Rühren zugießen, dann die Sahne. Salzen, pfeffern und bei geringer Hitze 8–10 Minuten köcheln lassen. Die Leber in Scheiben schneiden, kurz in Butter braten und mit dem Fleisch in die Sauce geben, nochmals abschmecken.
Die Pappardelle in Salzwasser mit 1 EL Öl bißfest kochen, abtropfen lassen und auf vorgewärmte Teller verteilen. Hasenragout mit Sauce darübergeben.

Die Toskaner sind als leidenschaftliche Jäger bekannt, und da viele Jäger vieler Hasen Tod sind, wurde das auf die Dauer knapper werdende Hasenfleisch mit Pappardelle verlängert. Das Hasenragout hat damit nicht nur an Quantität hinzugewonnen.

SEPIA-SPAGHETTI MIT FISCH

SEPIA-SPAGHETTI
MIT LACHSMOUSSE
300 g Lachsfilet
6 EL Crème fraîche
10 EL süße Sahne
1 kleines Glas trockener
Weißwein
Salz
frisch gemahlener
weißer Pfeffer
1 Bund Dill
400 g Sepia-Spaghetti
1 EL Butter zum Einfetten
der Aluminiumfolie

Pro Person etwa
664 kcal/2778 kJ
28 g E · 23 g F · 74 g Kh

SEPIA-SPAGHETTI
MIT THUNFISCH
150 g Thunfisch
(Dose ohne Öl)
125 g Mascarpone
Salz
frisch gemahlener
schwarzer Pfeffer
1–2 TL Senf
1–1½ EL Kapern
400 g Sepia-Spaghetti

Pro Person etwa
614 kcal/2569 kJ
27 g E · 20 g F · 73 g Kh

SEPIA-SPAGHETTI MIT
LACHSMOUSSE (oben)
Das Lachsfilet etwas anfrieren
und mit dem Schneidstab pürieren. Crème fraîche, Sahne und
Weißwein zufügen und verrühren. Salz, Pfeffer und den fein-
gehackten Dill zufügen.
Die Spaghetti in Salzwasser in
etwa 8 Minuten sehr bißfest
kochen. Aluminiumfolie gut einfetten. Spaghetti darauflegen.
Lachsmousse darübergeben. Die
Folie verschließen, so daß ein
rechteckiges Paket entsteht,
und auf dem Rost in den auf
160–180°C vorgeheizten Backofen für etwa 10–12 Minuten
legen.
Vor dem Servieren öffnen und auf
Tellern anrichten.

SEPIA-SPAGHETTI MIT
THUNFISCH (unten)
Thunfisch und Mascarpone pürieren. Mit Salz, Pfeffer, Senf und
Kapern abschmecken. Die Spaghetti in Salzwasser in etwa
8–10 Minuten bißfest kochen
und sofort zusammen servieren.
Wer möchte, kann die Sauce im
Wasserbad erwärmen oder kurz
in der Mikrowelle erhitzen.

Die Tinte der Sepia verleiht diesen Spaghetti Aussehen und Namen. Auf großen hellen Tellern angerichtet ergibt sich ein Farbenspiel, das Augen und Gaumen schmeichelt.

SPAGHETTI AGLIO E OLIO
SPAGHETTI CARBONARA

SPAGHETTI
AGLIO E OLIO
6 Knoblauchzehen
1 kleine rote Pfefferschote
½ Bund glatte Petersilie
400 g Spaghetti
6 EL Olivenöl
Salz
nach Belieben frisch
geriebener Parmesankäse
oder Pecorino

Pro Person etwa
567 kcal/2373 kJ
16 g E · 20 g F · 49 g Kh

SPAGHETTI CARBONARA
1 Zwiebel
125 g Pancetta
(luftgetrockneter
Bauchspeck)
400 g Spaghetti
Salz
30 g Butter
3 Eier
⅛ Liter süße Sahne
50 g frisch geriebener
Parmesan
50 g frisch geriebener
Pecorino
frisch gemahlener
schwarzer Pfeffer

Pro Person etwa
835 kcal/3494 kJ
30 g E · 39 g F · 74 g Kh

SPAGHETTI AGLIO E OLIO (oben)
Die Knoblauchzehen sehr fein
hacken. Die Pfefferschote fein
würfeln und die Petersilie hacken.
Spaghetti in reichlich Salzwasser
bißfest kochen. Währenddessen
das Olivenöl in einer Pfanne erhitzen. Knoblauch hineingeben,
salzen, dann die Pfefferschote
zufügen. Unter ständigem Rühren
den Knoblauch leicht gelb werden
lassen. Die Petersilie zugeben.
Spaghetti abgießen und zusammen mit dem Knoblauchöl in eine
vorgewärmte Schüssel geben und
mischen. Sofort servieren. Nach
Belieben mit Parmesan oder Pecorino bestreuen.

*D*ie Italiener lieben „Spaghetti con aglio, olio e peperoncino", und das mit Recht. Es
ist erstaunlich, wie köstlich dieses
einfache Gericht schmeckt, wobei
ihm die kleine Pfefferschote,
peperoncino, *die würzige Schärfe
des Südens verleiht. Ein kräftiger
Rotwein macht das Ganze zu
einem runden Genuß.
Eifrige Knoblauchesser wie die
Orientalen geben den Rat, nach
dem Essen einige von ihren Kap-
seln befreite Kardamomsamen
gründlich zu kauen. Dadurch soll
der Knoblauchgeruch absorbiert
werden.*

SPAGHETTI CARBONARA
(unten)
Die Zwiebel hacken und den
Bauchspeck in sehr kleine Würfel
schneiden. Eine Terrine vorwär-
men. Die Spaghetti in kochendes
Salzwasser geben und bißfest
kochen. Währenddessen die
Butter erhitzen, die Zwiebel und
den Bauchspeck darin braten.
Eier, Sahne, Parmesan und Pecorino sowie Pfeffer in der vorgewärmten Terrine verrühren
und die Spaghetti nach dem
Abgießen sofort in die Terrine
geben. Speck und Zwiebel zufügen, mischen, mit Pfeffer bestreuen und servieren.

*D*as ganz ursprüngliche einfache Gericht der Köhler
(carbonari) *wurde nur mit Speck
und Käse zubereitet.
Die Eier dürfen beim Verrühren in
der vorgewärmten Terrine nicht
gerinnen. Beim Braten des Bauch-
specks kann man nach Belieben
eine Knoblauchzehe hinzufügen.*

Ragù alla Bolognese
Penne all'arrabbiata

RAGÙ ALLA BOLOGNESE
120 g durchwachsener
Speck
1 Zwiebel
1 Knoblauchzehe
1 Karotte
1 Stück Sellerieknolle
500 g reife Tomaten
(oder 1 Dose)
2 EL Olivenöl
350 g Hackfleisch
(halb Rind, halb Schwein)
200 ml Rotwein
200 ml Fleischbrühe, Salz
Pfeffer, Muskatnuß
1 Lorbeerblatt, 1 Nelke
1 TL getrockneter Oregano
1 TL getrockneter Thymian
400 g Eierteigwaren

Pro Person etwa
1652 kcal/6912 kJ
36 g E · 43 g F · 83 g Kh

PENNE ALL'ARRABBIATA
600 g reife Tomaten
(oder 1 Dose)
125 g durchwachsener
Speck
1 Zwiebel
2 Knoblauchzehen
40 g Butter
1 rote Pfefferschote
Salz, 400 g Penne
½ Bund glatte Petersilie
100 g Pecorino

Pro Person etwa
820 kcal/3430 kJ
26 g E · 36 g F · 80 g Kh

RAGÙ ALLA BOLOGNESE (oben)
Den Speck würfeln. Die Zwiebel
hacken und die Knoblauchzehe
zerdrücken. Karotte und Sellerie
waschen, putzen und in kleine
Würfel schneiden. Die Tomaten
mit kochendem Wasser überbrühen, häuten, Kerne entfernen und
hacken oder Dosenware verwenden und zerdrücken. Das Olivenöl
mit dem durchwachsenen Speck
kurz anbraten. Karotte, Sellerie
und Knoblauch zufügen und
andünsten. Hackfleisch hinzugeben und unter häufigem Rühren
anbraten. Mit Rotwein ablöschen,
die Flüssigkeit etwas verdampfen
lassen. Dann die Tomaten und die
Fleischbrühe zugießen, würzen
und zugedeckt bei geringer Hitze
und gelegentlichem Rühren etwa
50–60 Minuten köcheln lassen.
Danach Lorbeerblatt und Nelke
entfernen. Nudeln in reichlich
Salzwasser etwa 8–10 Minuten
bißfest kochen, abgießen und
sofort mit der Sauce servieren.

*Es gibt eine Unzahl von
Nudelformen, aber deren
Begleiter sind noch zahlreicher.
Ein heißer Tip für einen hung-
rigen Esser ist Ragù. Ragù alla
Bolognese zählt zu den gehalt-
vollsten Saucen.*

PENNE ALL'ARRABBIATA (unten)
Die Tomaten überbrühen, häuten
und kleinschneiden oder Dosentomaten verwenden und zerdrük-
ken. Den Speck würfeln, die
Zwiebel hacken und die Knoblauchzehen zerdrücken. Butter
und Speck in eine Pfanne geben,
erhitzen und die Zwiebel zufügen,
glasig braten. Knoblauch und Pfefferschote zugeben und weiterbraten lassen, dann Tomaten-
stücke hineingeben und salzen.
Bei geringer Hitze zugedeckt
20–25 Minuten köcheln lassen.
Zwischenzeitlich die Nudeln in
reichlich Salzwasser in etwa
8–10 Minuten bißfest kochen
und abtropfen lassen. Die Pfefferschote aus der Sauce nehmen. Die
gehackte Petersilie zur Sauce
geben, ebenfalls die Nudeln, alles
gut mischen. Kurz erhitzen. Mit
frisch geriebenem Pecorino
servieren.

*Dieses im südlichen Italien
beliebte Gericht zeichnet
sich durch seine feurige Schärfe
aus. Der Beiname weist darauf hin
– er bedeutet soviel wie zornig,
wütend. Wer es nicht so scharf
liebt, möge eine kleinere Peperoncino nehmen.*

Nudeln mit italienischem Käse

TAGLIATELLE MIT GORGONZOLA

200 ml süße Sahne
200 g reifer Gorgonzola
2–3 Zweige frischer Thymian
frisch gemahlener schwarzer Pfeffer
400 g Tagliatelle (Bandnudeln)

Pro Person etwa
720 kcal/3012 kJ
22 g E · 33 g F · 75 g Kh

FETTUCINE ALL'ALFREDO

Für den Teig:
300 g Weizenmehl
3 Eier
2 TL Olivenöl
Salz
1 EL Öl zum Kochen der Fettucine
80 g Butter
100 g frisch geriebener Parmesan
Salz
frisch gemahlener Pfeffer
nach Belieben ¼ Liter süße Sahne

Pro Person etwa
735 kcal/3075 kJ
20 g E · 44 g F · 56 g Kh

TAGLIATELLE MIT GORGONZOLA (oben)

Die Sahne erhitzen. Den Gorgonzola in Stückchen hineinrühren, schmelzen, aber nicht kochen lassen. Die Thymianblättchen von den Zweigen zupfen und zufügen, pfeffern. Nudeln in Salzwasser in etwa 8–10 Minuten bißfest kochen, abtropfen lassen. Käsesauce darübergeben und servieren.

*D*er von blauen Schimmeladern durchzogene Gorgonzola wird wegen seines pikanten Geschmacks in Italien neben den traditionellen Käsesorten wie Parmigiano-Reggiano aus der Region Parma, Grana-Padano aus der Lombardei, Pecorino aus der Toskana, Fontina aus dem Aostatal und Ricotta gern für Pasta-Gerichte verwendet.

FETTUCINE ALL'ALFREDO (unten)

Aus den links angegebenen Zutaten wie auf S. 10/11 beschrieben einen Nudelteig kneten, nach dem Ruhen ausrollen und in etwa 1 cm breite Nudelstreifen schneiden. Diese in reichlich Salzwasser in etwa 5 Minuten bißfest kochen und abgießen. Währenddessen die Butter zerlaufen lassen. Fettucine zufügen, darin schwenken, den Parmesan darüberstreuen und gut vermischen. Salzen, pfeffern und nach Belieben die Sahne darübergießen, erhitzen und sofort servieren.

*E*in Koch aus Rom ist vor Jahren durch die Erfindung dieses recht einfachen Rezeptes bekanntgeworden. Wahrscheinlich versteht er es ebenso hervorragend, Pasta mit erlesenen Sughi (Saucen) zu krönen. Seitdem trägt er den Titel „il re delle fettucine", was soviel wie „König der (Band)nudeln" bedeutet.

SPAGHETTINI MIT HUMMER
SPAGHETTI MIT BOTTARGA

SPAGHETTINI MIT
HUMMER
1 Hummer von etwa
700–800 g
2 Schalotten
2 Zweige frischer Estragon
125 g Karotten
125 g Zucchini
25 g Butter
1 TL Tomatenmark
Salz
30 ml Noilly-Prat
knapp ⅛ Liter
Gemüsebrühe
125 g Crème double
frisch gemahlener
weißer Pfeffer
400 g Spaghettini

Pro Person etwa
750 kcal/3138 kJ
50 g E · 20 g F · 83 g Kh

SPAGHETTI
MIT BOTTARGA
1 Bund Petersilie
400 g Spaghetti
80 g Butter
4 EL geriebene Bottarga
Salz

Pro Person etwa
567 kcal/2372 kJ
15 g E · 20 g F · 74 g Kh

SPAGHETTINI MIT HUMMER
(oben)
Den Hummer in kochendes Salzwasser geben und 12 Minuten
kochen, dann ausbrechen und in
Scheiben schneiden. Die Schalotten hacken, Estragonblättchen
von den Stielen zupfen. Gewaschene und geputzte Karotten
und Zucchini in bleistiftdünne,
etwa 4–5 cm lange Stifte schneiden. Die Butter zerlaufen lassen.
Schalotten darin andünsten.
Gemüse und Tomatenmark zugeben. Salzen und weitere 2 Minuten unter Rühren dünsten. Mit
Noilly-Prat ablöschen. Gemüsebrühe und Crème double zufügen,
pfeffern und abgedeckt 4–5
Minuten köcheln lassen. Inzwischen die Spaghettini in reichlich
Salzwasser in 6–8 Minuten
bißfest kochen und abgießen. Das
Hummerfleisch in die Sauce
geben, kurz erhitzen und
abschmecken. Estragon zufügen
und Sauce über die Spaghettini
geben.

SPAGHETTI MIT BOTTARGA
(unten)
Die Petersilie hacken. Die Spaghetti in 8–10 Minuten sehr bißfest kochen. Butter in einer
Pfanne zerlaufen lassen. Bottarga
zugeben, dann die abgetropften
Spaghetti. Die Petersilie unterziehen, durchschwenken und salzen. Sofort auf vorgewärmten
Tellern servieren.

*A*us der Region Venezien und
aus Sardinien kommt eine
Spezialität, die eine köstliche
Bereicherung für Pastagerichte
darstellt. Bottarga ist an Luft und
Sonne getrockneter Rogen von
Seefischen.

NUDELN TOSKANISCH
NUDELN MIT GEMÜSE

NUDELN TOSKANISCH
15 g getrocknete Steinpilze
150 g magerer
Schinkenspeck
200 g Zuckerschoten
2 Karotten, 1–2 Kohlrabi
1 kleine junge
Sellerieknolle mit Grün
2 Zucchini
½ Bund glatte Petersilie
400 g Pappardelle
Salz
40 g Butter
frisch gemahlener Pfeffer
125–250 g Crème fraîche

Pro Person etwa
975 kcal/4080 kJ
21 g E · 49 g F · 86 g Kh

NUDELN MIT GEMÜSE
300 g Karotten
500 g Zucchini
1 Bund Basilikum
50 g Butter
40 ml Marsala, Salz
frisch gemahlener
schwarzer Pfeffer
300 g dünne Bandnudeln
(z. B. Taglierini)

Pro Person etwa
392 kcal/1640 kJ
12 g E · 15 g F · 65 g Kh

NUDELN TOSKANISCH (oben)
Die Steinpilze in ein Töpfchen
geben, mit ¼ Liter kochendem
Wasser übergießen und 1–2
Minuten köcheln lassen. Beiseite
stellen zum Nachquellen. Den
Schinkenspeck würfeln. Die
Zuckerschoten putzen und, falls
nötig, einmal schräg durchschneiden. Karotten, Kohlrabi
und Sellerie waschen, putzen und
in schmale Stifte schneiden,
Zucchini würfeln. Selleriegrün
und Petersilie hacken. Die Nudeln
in reichlich Salzwasser in etwa
8–10 Minuten bißfest kochen.
Währenddessen den Schinkenspeck mit der Butter zusammen in
eine genügend große Pfanne
geben und erhitzen. Das Gemüse
(außer den Zucchini) zugeben und
einige Minuten andünsten. Die
Steinpilze samt Brühe zufügen,
salzen, pfeffern und etwa 10–15
Minuten köcheln lassen. Nach
5 Minuten die Zucchini hineingeben. Das Gemüse sollte noch
bißfest sein. Mit Crème fraîche
verfeinern, mit den Nudeln
mischen und in einer großen
Form oder Schüssel auftragen.

NUDELN MIT GEMÜSE (unten)
Die Karotten schaben, längs in
dünne Scheiben, dann in dünne
Streifen schneiden. Eventuell
nochmals auf 4–5 cm Länge
durchschneiden. Die Zucchini
waschen und ungeschält ebenfalls
in Stifte schneiden.
Basilikumblättchen von den Stielen zupfen und hacken. Butter in
einem Topf zerlaufen lassen.
Karotten darin andünsten. Nach
4 Minuten die Zucchini zufügen,
kurz andünsten und mit Marsala
ablöschen. Salzen, pfeffern und
zugedeckt in etwa 3–5 Minuten
fertig garen. Das Gemüse sollte
noch bißfest sein. Basilikum zufügen und warm halten. Die
Nudeln in reichlich Salzwasser in
etwa 6–7 Minuten bißfest kochen
und abgießen. Nudeln entweder
mit dem Gemüse vermischen
oder das Gemüse über die Nudeln
geben.
Besonders im Sommer ein
schmackhaftes vegetarisches
Essen.

PASTA MIT LACHS

TAGLIERINI MIT FRISCHEM LACHS UND GARNELEN
1 Schalotte
1 Bund Dill
300 g frisches Lachsfilet
30 g Butter
⅛ Liter trockener Weißwein
⅛ Liter Fischfond
⅛ Liter süße Sahne
Salz
frisch gemahlener weißer Pfeffer
120 g küchenfertige Garnelen
400 g Taglierini

Pro Person etwa
670 kcal/2803 kJ
34 g E · 22 g F · 75 g Kh

LACHSMOUSSE AUF VERMICELLI
15 g Butter
250 g frisches Lachsfilet
Salz
frisch gemahlener weißer Pfeffer
1 Gläschen Weißwein
knapp ¼ Liter süße Sahne
3 Bund Dill
300 g Vermicelli

Pro Person etwa
415 kcal/1718 kJ
21 g E · 8 g F · 54 g Kh

TAGLIERINI MIT FRISCHEM LACHS UND GARNELEN (oben)
Die Schalotte und den Dill hacken. Den Lachs zerpflücken. Die Butter in einer Pfanne erhitzen und Lachs zugeben. Kurz andünsten und mit Weißwein, Fischfond und Sahne ablöschen. Salzen, pfeffern, Garnelen zugeben, 2–3 Minuten bei niedriger Temperatur köcheln lassen. Dill zufügen. Taglierini in reichlich Salzwasser in etwa 8 Minuten bißfest kochen, abgießen und sofort mit dem Lachs und den Garnelen servieren.

Die weitverzweigte Familie der Garnelen zählt zu den scherenlosen Krustentieren mit ihren unterschiedlichen Namen wie Tiefsee- und Ostseegarnelen, Shrimps, Prawns, Gambas. Ihr delikates Fleisch, reich an Eiweiß aber arm an Fett, nimmt beim Kochen eine rosa bis rote Farbe an. Die beste Qualität stammt aus den Fängen in kalten Gewässern.

LACHSMOUSSE AUF VERMICELLI (unten)
Die Butter in einem Topf zerlaufen lassen. Lachsfilet zufügen, salzen, pfeffern und in der Butter andünsten. Mit Weißwein und Sahne ablöschen, etwa 10–12 Minuten garen oder alles in die Mikrowelle geben, abdecken und bei 360°C 6 Minuten garen. Dill von den Stielen zupfen und sehr fein hacken. Lachsfilet zufügen und zusammen pürieren. Nochmals abschmecken. Vermicelli in reichlich Salzwasser in etwa 7 Minuten bißfest garen, abgießen. Lachsmousse darübergeben und sofort servieren.

Vermicelli sind schlanke Fadennudeln. Sie eignen sich für dieses Gericht besonders gut. Die feine Lachsmousse sollte man ganz langsam auf der Zunge zergehen lassen.

TAGLIATELLE MIT SCHINKEN
MAKKARONI MIT FENCHEL

TAGLIATELLE MIT SCHINKEN

Für etwa 10–12 Personen

Für den Teig:
600 g Weizenmehl
6 Eier
etwa 6 EL Wasser
1 EL Öl
Für die Sauce:
200 g Parmaschinken
4–5 frische Salbeiblätter
100 g Butter
¾ Liter süße Sahne
150 g frisch geriebener
Parmesankäse
Salz, schwarzer Pfeffer
abgeriebene Muskatnuß

Pro Person etwa
570 kcal/2385 kJ
14 g E · 35 g F · 38 g Kh

MAKKARONI MIT FENCHEL
1 Fenchelknolle
60 g Butter
60 g gemahlene Mandeln
Salz
frisch gemahlener
rosa Pfeffer
350 g Makkaroni

Pro Person etwa
580 kcal/2426 kJ
15 g E · 23 g F · 70 g Kh

TAGLIATELLE MIT SCHINKEN
(unten)
Für den Teig: Aus den links angegebenen Zutaten wie auf S. 10/11 beschrieben einen Nudelteig herstellen. Je nach Größe der Eier noch ein zusätzliches Eigelb dazugeben. Nach dem Ruhen den Teig ausrollen und in etwa ½ cm breite Streifen schneiden.
Für die Sauce: Den Schinken würfeln und mit den in schmale Streifen geschnittenen Salbeiblättchen in der erhitzten Butter kurz durchschwenken. Die Sahne zufügen, aufkochen lassen, Parmesan hineinrühren. Mit Salz und frisch gemahlenem Pfeffer und Muskat würzen.
Die Tagliatelle in Salzwasser in etwa 5 Minuten bißfest kochen, abtropfen lassen und mit der Sauce vermischen. In einer großen Schüssel servieren.

Gut zu essen und zu trinken hat im norditalienischen Parma eine lange Tradition. Einige Spezialitäten wie der Parmigiano Reggiano, der luftgetrocknete Parmaschinken sowie die hausgemachte Pasta sind in diesem Gericht enthalten. Bei einem großen Festessen wird es stilecht in einem ausgehöhlten Parmesankäse serviert.

MAKKARONI MIT FENCHEL
(oben)
Die Fenchelknolle putzen und in Stücke schneiden. Die Butter in einem Topf erhitzen. Fenchel zufügen und andünsten, danach die Mandeln hinzugeben, etwas anrösten lassen und mit gut ¼ Liter Wasser ablöschen.
10–15 Minuten köcheln lassen. Eventuell nochmals etwas Wasser nachschütten, je nachdem wie die Konsistenz gewünscht wird. Mit Salz und Pfeffer würzen und pürieren. Das geht am besten im Mixer. Falls nötig, nochmals erhitzen. Zu den bißfest gekochten Makkaroni servieren.
Dieser Dip schmeckt auch kalt serviert ausgezeichnet.

Der knollige Gemüsefenchel, im Mittelmeerraum von jeher angebaut, ist ein typisches italienisches Gemüse. Reich an Mineralstoffen und Vitamin C verbindet er sich mit Makkaroni zu einem nahrhaften Gericht.

TRENETTE MIT PESTO
LAUCHCREME AUF PENNE

TRENETTE MIT PESTO
2–3 Bund Basilikum
(etwa 125 g)
3 Knoblauchzehen
40 g Pinienkerne, Salz
je 2 EL frisch geriebener
Parmesankäse und
Pecorino sardo
100 ml kaltgepreßtes
Olivenöl
400 g Trenette
(oder andere Nudeln)
frisch gemahlener
schwarzer Pfeffer
Nach Belieben: Butter und
geriebener Parmesan

Pro Person etwa
832 kcal/3480 kJ
18 g E · 44 g F · 75 g Kh

LAUCHCREME
AUF PENNE
2 Stangen Lauch
150 g Knoblauchwurst
3 EL Olivenöl
375 ml Gemüsebrühe, Salz
frisch gemahlener
schwarzer Pfeffer
150 g Crème fraîche
400 g Penne

Pro Person etwa
835 kcal/3494 kJ
22 g E · 22 g F · 78 g Kh

TRENETTE MIT PESTO (oben)
Basilikum waschen und die
Blättchen von den Stielen zupfen.
Zusammen mit den grob zer-
schnittenen Knoblauchzehen, den
Pinienkernen und Salz im Mörser
zerstoßen. Frisch geriebenen Käse
und das Olivenöl nach und nach
unter Rühren dazugeben oder
alles im Mixer pürieren. Die
Nudeln in reichlich Salzwasser
etwa 9 Minuten bißfest kochen.
Basilikumpesto pfeffern, nach
Wunsch etwas vom Nudelkoch-
wasser unter den Pesto rühren.
Die Nudeln auf vorgewärmte
Teller geben, eventuell mit etwas
Butter verfeinern und den Pesto
dazustellen oder direkt über die
Nudeln geben. Geriebenen
Parmesankäse nach Belieben
gesondert dazureichen.

*Dieser würzige Pesto kann
auch auf Vorrat hergestellt
werden. Tiefgefroren hält er sich
für längere Zeit und steht immer
zur Verfügung. Pesto ist eine
Erfindung der Ligurer. Der Name
leitet sich von pestare ab, was
zerdrücken bedeutet. Das
geschieht am besten in einem
Mörser aus Marmor. Je feiner alle
Zutaten zerstoßen werden, um so
intensiver ist der Geschmack.*

LAUCHCREME AUF PENNE
(unten)
Den Lauch waschen, putzen, in
schmale Ringe schneiden. Die
Knoblauchwurst würfeln. Das
Olivenöl erhitzen und den Lauch
einige Minuten darin andünsten.
Mit Gemüsebrühe ablöschen, salzen, pfeffern und etwa 6–8 Minuten köcheln lassen. Der Lauch
sollte nicht zu weich gekocht
sein. Knoblauchwurst und Crème
fraîche zufügen, kurz heiß werden lassen. Penne in reichlich
Salzwasser etwa 8–10 Minuten
bißfest kochen, abgießen. Sofort
mit der Lauchcreme servieren.

*Porree, auch Lauch genannt,
ist ein beliebtes Gemüse für
köstliche Gerichte. Als Zwiebel-
pflanze hat er einen relativ milden
Geschmack.*

PASTA MIT ZWEIERLEI PESTO

FUSILLI MIT ANCHOVIS-PESTO
1 rote Paprikaschote
½ Fenchelknolle mit Grün
3 Knoblauchzehen
1 frische Feige
12 Anchovisfilets in Öl aus dem Glas
3 EL gemahlene Mandeln
4 EL Olivenöl
4 EL Paniermehl
350 ml Gemüsebrühe
frisch gemahlener weißer Pfeffer
400 g Fusilli oder eine andere Vollkornnudelsorte

Pro Person etwa
683 kcal/2858 kJ
26 g E · 22 g F · 90 g Kh

RUOTE MIT TOMATEN-AUBERGINEN-PESTO
6 reife Tomaten
oder 1 kleine Dose
1 Aubergine, 1 Zwiebel
3 Knoblauchzehen
Salz, schwarzer Pfeffer
3–4 EL Olivenöl
gut ⅛ Liter Brühe
je 1–2 Messerspitzen
Piment und Kreuzkümmel
400 g Ruote oder andere Pasta

Pro Person etwa
633 kcal/2648 kJ
15 g E · 23 g F · 81 g Kh

FUSILLI MIT ANCHOVIS-PESTO (oben)
Paprikaschote und Fenchelknolle putzen und zerkleinern. Mit Knoblauchzehen, Feige und Anchovisfilets pürieren. Die Mandeln zufügen. Das Olivenöl in einem Topf erhitzen, Paniermehl dazugeben und anschwitzen lassen. Anschließend das Püree zufügen, nach einigen Minuten Dünsten mit Gemüsebrühe ablöschen. Mit Pfeffer würzen.
Die Fusilli oder andere Vollkornnudeln in reichlich Salzwasser 8–9 Minuten bißfest kochen, abgießen. Pesto über die Nudeln geben und servieren.
Zu diesen Gerichten paßt gut ein gekühlter trockener Rosé wie etwa Carpineto Rosato dei Colli aus dem Chianti-Gebiet.

RUOTE MIT TOMATEN-AUBERGINEN-PESTO (unten)
Die Tomaten überbrühen und häuten oder Dosentomaten verwenden. Zusammen mit der Aubergine, der Zwiebel und dem Knoblauch pürieren, salzen und mit frisch gemahlenem Pfeffer würzen. Das Olivenöl in einem Topf erhitzen, die Masse hineingeben und unter ständigem Rühren 3 Minuten schmoren. Brühe hinzugeben und 15–20 Minuten bei kleiner Hitze köcheln lassen. Mit Piment, Kreuzkümmel und eventuell noch Salz und Pfeffer abschmecken.
Die Ruote in reichlich Salzwasser etwa 10–13 Minuten bißfest kochen. Abgießen und Pesto über die Nudeln geben. Sofort heiß servieren.

SPAGHETTI MIT JOGHURT
AUSTERNPILZE MIT NUDELN

SPAGHETTI
MIT JOGHURT
200 g Joghurt
knapp ¼ Liter süße Sahne
2–3 EL Olivenöl
70 g frisch geriebener
Parmesankäse
Salz
frisch gemahlener
weißer Pfeffer
1 Bund Schnittlauch
400 g Vollkornspaghetti

Pro Person etwa
404 kcal/1690 kJ
23 g E · 36 g F · 78 g Kh

AUSTERNPILZE
MIT NUDELN
3 Frühlingszwiebeln
2 Knoblauchzehen
½ Bund glatte Petersilie
400 g Austernpilze
40 g Butter
Salz
knapp ¼ Liter trockener
Weißwein
140 g Crème fraîche
1–2 TL eingelegte grüne
Pfefferkörner
400 g Vollkornnudeln
(Fusilli oder eine andere
Sorte)

Pro Person etwa
638 kcal/2670 kJ
15 g E · 21 g F · 77 g Kh

SPAGHETTI MIT JOGHURT
(oben)
Joghurt, Sahne und Olivenöl vorsichtig unter Rühren erhitzen.
Den Käse einrühren, würzen,
abschmecken und vom Feuer nehmen. Feingeschnittenen Schnittlauch zufügen. Spaghetti in reichlich Salzwasser in etwa 8–10
Minuten bißfest kochen, abgießen. Joghurtsauce auf den
Spaghetti verteilen und servieren.

*Joghurt, der Name ist türki-
schen Ursprungs, erfreut sich in
den Küchen des Orients und des
Balkans, aber auch zunehmend
bei uns, großer Beliebtheit.
Ursprünglich wurde er ausschließlich aus Büffel-, Ziegen-
oder Schafsmilch hergestellt. Sein
zartsäuerlicher Geschmack
kommt in Gesellschaft mit
schlanken Spaghetti köstlich zur
Geltung.*

AUSTERNPILZE MIT NUDELN
(unten)
Die Frühlingszwiebeln waschen,
in Ringe schneiden und die Knoblauchzehen zerdrücken. Petersilie waschen, hacken, die Pilze
putzen und etwas zerkleinern.
Die Butter in einem Topf zerlaufen lassen. Frühlingszwiebeln
darin andünsten, Knoblauch und
Austernpilze zufügen, salzen und
etwa 3 Minuten unter Rühren
dünsten. Mit Weißwein ablöschen. Crème fraîche und Pfefferkörner unterrühren. 2 Minuten
köcheln lassen. Mit gehackter
Petersilie bestreuen. Die Nudeln
in reichlich Salzwasser in etwa
8–10 Minuten bißfest kochen.
Abgießen und Austernpilze mit
den Nudeln anrichten.

*Aus den wildwachsenden
Austernpilzen ist eine inter-
essante Neuzüchtung hervorge-
gangen. Die auf Holz wachsenden
Pilze besitzen einen aromatischen
Geschmack, der dem Nudelge-
richt die besondere Note verleiht.
Das in den Pilzen enthaltene
Eiweiß mit vielen wertvollen
Aminosäuren und Vitamine der
Gruppe B sorgen für eine aus-
gewogene Mahlzeit.*

HASELNUSS-ORECCHIETTE MIT TRÜFFELBUTTER

Trüffeln sind die wohl kostbarste Pilzart. Wegen ihres einmaligen Aromas sind sie sehr begehrt und daher nicht gerade preiswert. Die schwarzen Knollen werden in den Herbstwäldern des südfranzösischen Périgord, der Bourgogne und der Provence gesucht. Dazu bedient man sich der guten Nase speziell dafür abgerichteter Schweine. Weiße Trüffeln werden von feinen Hundenasen im italienischen Piemont aufgespürt. Ihr starker Duft an Butter gebunden und über die Nudeln geträufelt oder frisch geraspelte Trüffeln sind etwas Feines für ganz besondere Anlässe.

Für den Teig:
etwa 120 g Mehl
60 g gemahlene
Haselnüsse
1 Ei
1 Eigelb
eventuell etwas Wasser
Salz

6–8 TL Trüffelbutter
(Fertigprodukt)
oder:
1 Trüffel
20–30 g Butter
40 ml Portwein
200 ml süße Sahne
Salz, Pfeffer

Pro Person etwa
537 kcal/2247 kJ
9 g E · 43 g F · 23 g Kh

Aus den links angegebenen Zutaten wie auf S. 10/11 beschrieben einen Teig kneten. Diesen zu Rollen von etwa 2 cm Durchmesser formen und davon Scheiben von 3 mm abschneiden. Die Scheiben in der Mitte mit dem Daumen etwas eindrücken. 2–3 Stunden ausgebreitet trocknen lassen, dann in Salzwasser in etwa 5 Minuten bißfest kochen. Mit Trüffelbutter vermischen und servieren. Oder frische Trüffelsauce selbst herstellen. Dafür 1 Trüffel in dünne Scheiben schneiden. In 20–30 g Butter andünsten, mit Portwein und Sahne ablöschen. Salzen, pfeffern und abgedeckt köcheln lassen. Über die Haselnuß-Orecchiette geben.

BANDNUDELN MIT CHAMPIGNONS

2 Frühlingszwiebeln
1 Knoblauchzehe
250–300 g Champignons
40 g Butter
1 EL Vollkornmehl
100 ml Weißwein
100 ml süße Sahne
knapp ¼ Liter
Gemüsebrühe
Salz
frisch gemahlener weißer
Pfeffer
½ Bund Petersilie
400 g Bandnudeln

Pro Person etwa
606 kcal/2535 kJ
17 g E · 21 g F · 79 g Kh

Die Frühlingszwiebeln waschen und in Ringe schneiden. Die Knoblauchzehe zerdrücken. Champignons putzen und in Scheiben schneiden. Die Butter erhitzen, Zwiebeln darin an-dünsten, Champignons und Knoblauch zugeben. Nach etwa 2–3 Minuten das Mehl darüber-streuen, durchschwitzen lassen und mit Weißwein, Sahne und Gemüsebrühe ablöschen. Salzen, pfeffern. 8–10 Minuten zu-gedeckt köcheln lassen. Mit ge-hackter Petersilie bestreuen. Bandnudeln in Salzwasser in etwa 9–12 Minuten bißfest kochen. Auf die Teller verteilen und Champignons darübergeben.

Pilze gehen mit Nudeln eine ideale Verbindung ein. Um das volle Aroma der Pilze zu erhalten, gibt man bei diesem Gericht keinen geriebenen Käse dazu. Die hier verwendete Pilz-sorte steht dank moderner Züch-tungsmethoden das ganze Jahr frisch zur Verfügung.

SCHNECKEN AUF MOHNNUDELN

Für den Teig:
80 g Grünkernmehl
80 g Hartweizengrieß
80 g Weizenmehl
2 Eier
1 TL Öl
1 EL Wasser
2–3 EL Mohn

Für die Schneckensauce:
2 Frühlingszwiebeln
1–2 Karotten
3 Knoblauchzehen
1 Bund glatte Petersilie
1–2 Zweige Thymian
(oder getrockneter)
40 g Butter
1½ EL Vollkornmehl
gut ⅛ Liter trockener
Weißwein
gut ⅛ Liter Gemüsebrühe
Salz
frisch gemahlener weißer
Pfeffer
40 Achatschnecken (Dose)
⅛–¼ Liter süße Sahne

Pro Person etwa
570 kcal/2385 kJ
66 g E · 13 g F · 50 g Kh

Tip:
*Beim Kauf von Grünkern
und Mohn sollte man
Produkten aus
biologischem Anbau den
Vorzug geben.*

Für den Teig: Aus den links angegebenen Zutaten wie auf S. 10/11
beschrieben die Nudeln herstellen und in Salzwasser bißfest
kochen.
Für die Sauce: Frühlingszwiebeln
waschen und in Ringe schneiden,
Karotten waschen und raspeln,
Knoblauchzehen zerdrücken und
die gewaschene Petersilie hacken.
Thymianblättchen von den Stielen zupfen. Die Butter in einem
Topf zerlaufen lassen. Frühlingszwiebeln und Karotten einige
Minuten darin unter Rühren
andünsten. Knoblauch zufügen,
mit Mehl überstäuben, durchschwitzen lassen und mit dem
Wein und der Gemüsebrühe
ablöschen. Mit Salz, Pfeffer und
Thymian würzen und 6–8 Minuten zugedeckt köcheln lassen.
Dann die abgetropften Schnecken
und die Sahne zugeben, nochmals
2–3 Minuten bei kleiner Hitze
kochen lassen. Die Petersilie hineingeben und die Schnecken über
die heißen Mohnnudeln verteilen. Servieren.

*D*inkel, eine den frühen Kulturen Vorderasiens bekannte
Weizenart, breitete sich im Laufe
der Zeit bis in den süddeutschen
Raum aus. Hier konnte der Dinkel
wegen dem ungünstigen Klima oft
nicht voll ausreifen und mußte
daher noch grün geerntet werden.
Das verlieh ihm den Namen
„Grünkern". Damit das Mehl aber
lagerfähig wurde, mußte man es
rösten. In diesen selbstgemachten
Nudeln verbindet sich der aroma-
tische Grünkerngeschmack ausgezeichnet mit dem des Mohns.
Mohnsamen enthält kein Opium.
Er kann daher bedenkenlos in
Speisen verwendet werden. Wert-
voll ist er durch seinen Gehalt an
hochwertigem Eiweiß. In Verbindung mit Getreideprodukten
erhöht sich die biologische
Gesamtwertigkeit.

SPINATNUDELN MIT PUTE
NUDELN MIT MORCHELN

**SPINATNUDELN
MIT PUTE**
600 g Putenbrust
2–3 Knoblauchzehen
2 EL Crème fraîche
3 EL Olivenöl
2 TL Currypulver
1–2 Schalotten
1 EL Butter, Salz
½ TL Kurkuma
1 Messerspitze
Kreuzkümmel
1 Messerspitze Chilipulver
1 EL Mehl
2–3 EL Joghurt
250 g Spinatnudeln
½ Bund Koriander

Pro Person etwa
744 kcal/3113 kJ
33 g E · 31 g F · 52 g Kh

**NUDELN
MIT MORCHELN**
25 getrocknete Morcheln
¼ Liter Milch
1 Zwiebel
25 g Butter, 15 g Mehl
¼ Liter gute Fleischbrühe
Salz, weißer Pfeffer
125 g Crème double
1 Eigelb
1 TL Zitronensaft
400 g dünne Bandnudeln
(oder selbstgemachte)

Pro Person etwa
548 kcal/2293 kJ
18 g E · 12 g F · 83 g Kh

SPINATNUDELN MIT PUTE
(oben)
Am Abend davor die Putenbrust
in Streifen schneiden, Knoblauch
zerdrücken. Crème fraîche,
Olivenöl und Currypulver zufügen, verrühren und das Fleisch
über Nacht darin einlegen.
Am nächsten Tag die Schalotten
hacken. Die Butter erhitzen. Schalotten darin andünsten, die Puten-
bruststreifen zugeben und dünsten, nach weiteren 2–3 Minuten
Salz, Kurkuma, Kreuzkümmel und
Chilipulver zugeben. Mit Mehl
bestäuben und mit ¼ Liter Wasser ablöschen. 6 Minuten köcheln
lassen, Joghurt unterrühren,
abschmecken.
Die Nudeln in Salzwasser in etwa
8–10 Minuten bißfest kochen.
Sauce über die abgetropften
Nudeln geben. Mit Korianderblättchen bestreuen.

*D*as helle Brustfleisch der jun-
gen Puten paßt ausgezeichnet zu den zarten Spinatnudeln.
Spinatnudeln tragen in Italien
den Zusatznamen „verdi" – grün.
Sie können sie auch selbst
herstellen.

NUDELN MIT MORCHELN
(unten)
Die Morcheln 30 Minuten in der
Milch einweichen, anschließend
durchschneiden und gründlich
waschen. Der Sand, der im Innern
sein könnte, sollte herausgespült
werden. Die Milch aufbewahren.
Die Zwiebel reiben. Butter erhitzen. Zwiebel darin andünsten,
Morcheln zugeben, mit Mehl
überstäuben und unter fortwährendem Rühren mit Fleischbrühe
und der durchgeseihten Milch
ablöschen, salzen, mit frisch
gemahlenem Pfeffer würzen.
6 Minuten bei geringer Temperatur köcheln lassen. Crème double
zufügen. Mit Eigelb binden, Zitronensaft zugeben und nochmals abschmecken. Die Nudeln in reichlich Salzwasser 8–10 Minuten
bißfest kochen. Wer möchte, kann
zu dieser köstlichen Sauce auch
selbstgemachte Nudeln reichen.

*M*orcheln werden wegen
ihres außerordentlichen
Duftes und Geschmacks sehr
geschätzt. Diese Delikateßpilze
kann man mit Glück vom Frühling
bis zum Sommeranfang in Wald-
lichtungen finden. Im Handel werden sie kaum frisch, sondern meist
in Dosen oder auch getrocknet
angeboten.

TOPFEN-HALUSKA

Fleckerl. Es sollte nicht umgerührt werden. Oben darauf kommen die ausgebratenen Speckwürfel. Sofort servieren.

Topfen-Haluska entstammt der böhmischen Küche. Von Prag bis Wien nennt man den Quark Topfen. Vor der Verarbeitung sollte er Zimmertemperatur haben.

Für den Nudelteig:
280–300 g Mehl
3 Eier
1 TL Salz

Für die Garnitur:
125–150 g
durchwachsener
Räucherspeck
60 g Schweineschmalz
400 g trockener Quark
knapp 250 g saure Sahne

Pro Person
864 kcal/3615 kJ
35 g E · 44 g F · 60 g Kh

Für den Nudelteig: Aus den links angegebenen Zutaten wie auf S. 10/11 beschrieben einen Nudelteig herstellen. Nach dem Ruhen ausrollen und daraus Fleckerl schneiden. Das sind etwa 2 cm große Teigquadrate. Für 2–3 Minuten in kochendem Salzwasser (mit 1 EL Öl versetzt) bißfest kochen.
Für die Garnitur: Währenddessen den Speck würfeln und in einer Pfanne ausbraten. Herausnehmen und warm stellen. Die Fleckerl abtropfen lassen. In dem vom Speck verbleibenden Bratfett das Schweineschmalz erhitzen, die Fleckerl hineingeben und durchschwenken. Fleckerl in eine vorgewärmte Schüssel geben, dann Quark, saure Sahne und wieder

ÖSTERREICHISCHE KRAUTFLECKERL

Für den Teig:
250 g Mehl
2 Eier
1 Eigelb
Salz

Für die Garnitur:
½ Kopf Weißkohl
(etwa 600 g)
1 Zwiebel
125 g durchwachsener
Räucherspeck
35 g Schweineschmalz
1 EL Zucker
⅛ Liter Brühe
⅛ Liter Weißwein
Salz
frisch gemahlener
schwarzer Pfeffer
1 – 1½ TL Kümmel
1 EL Öl zum Kochen der
Nudeln

Pro Person etwa
642 kcal/2686 kJ
13 g E · 30 g F · 57 g Kh

Für den Teig: Aus Mehl, Eiern und Salz wie auf S. 10/11 beschrieben einen Teig kneten und etwa 45 Minuten unter einer angewärmten Schüssel ruhen lassen.

Für die Garnitur: Den Strunk des Weißkohls entfernen und das Kraut feinstreifig schneiden. Die Zwiebel in Ringe schneiden, den Räucherspeck würfeln. In eine Pfanne Schweineschmalz und Zucker geben. Den Zucker leicht braun werden lassen. Die Zwiebel zufügen und kurz andünsten, dann sofort den Kohl zugeben. Unter Rühren etwa 3 Minuten andünsten. Mit Brühe und Wein ablöschen. Mit Salz, Pfeffer und Kümmel würzen. Zugedeckt etwa 25 Minuten garen.

Den Teig ausrollen und in etwa 3 cm große Teigflecken ausradeln. Kurz antrocknen lassen und in kochendem Salzwasser (1 Eßlöffel Öl hinzugeben) etwa 4 Minuten garen. Abtropfen lassen und lagenweise mit dem Kraut in eine vorgewärmte Schüssel füllen. Den Räucherspeck in einer Pfanne knusprig braten und darübergeben.

Dieses einfache und zugleich nahrhafte Gericht stammt aus Niederösterreich. Früheste Erwähnung finden Fleckerl schon im „Wienerischen bewährten Kochbuch" von Gartler und Hikmann Ende des 18. Jahrhunderts.

Dinkelnudeln
mit zwei Saucen

Für den Teig:
120 g Dinkelvollkornmehl
80 g Maismehl
2 Eier
1 TL Öl
1 EL Wasser

Für die Saucen:
20 g getrocknete Steinpilze
3 Schalotten
1 Bund glatte Petersilie, möglichst junge zarte Blätter
3 Knoblauchzehen
50 g Paniermehl
40 g gemahlene Mandeln
140 g Butter
Salz
frisch gemahlener schwarzer Pfeffer
¼ Liter süße Sahne
1 Bund Schnittlauch
einige Tropfen Worcestershiresauce

Pro Person etwa
916 kcal/3832 kJ
17 g E · 63 g F · 59 Kh

Tip:
*Diese zwei wohl-
schmeckenden Saucen
reichen jeweils für zwei
Portionen*

Für den Teig: Die links angegebenen Zutaten für den Teig nach der
Beschreibung S. 10/11 verkneten
und unter einer angewärmten
Schüssel ruhen lassen.
Für die Saucen: Die Steinpilze
20 Minuten in ¼ Liter lauwarmem Wasser einweichen. Schalotten und Petersilie waschen,
hacken, die Knoblauchzehen zerdrücken. Schalotten, Petersilie,
Knoblauch, Paniermehl und Mandeln mit 120 g weicher Butter
verkneten. Diese Masse in der
restlichen Butter andünsten und
unter Rühren mit ¼ Liter Wasser
ablöschen und 2 Minuten durchkochen lassen. Diese Masse
halbieren. In die eine Hälfte die
eingeweichten Steinpilze mit dem
Einweichwasser geben (das Einweichwasser durch ein Tuch sei-
hen). Nochmals 2−3 Minuten
köcheln lassen. Mit Salz und Pfeffer abschmecken und sofort warm
stellen.
In die andere Hälfte ¼ Liter süße
Sahne und 1 Bund feingeschnittenen Schnittlauch geben, ebenfalls
aufkochen lassen. Mit Salz, Pfeffer
und einigen Tropfen Worcestershiresauce abschmecken. Warm
stellen.
Aus dem Nudelteig von Hand
oder mit der Nudelmaschine
Bandnudeln herstellen. In reich-

lich Salzwasser in etwa 5 Minuten
bißfest kochen, abtropfen lassen
und mit den Saucen servieren.

*Dinkel, eine Spelzweizenart,
gedeiht sogar auf mageren
Böden, übertrifft den Weizen aber
an Geschmack und Nährwert.
Sein Aroma verleiht den Nudeln
einen ganz besonderen
Geschmack.*

SPÄTZLE-KLASSIKER

SPÄTZLE (Grundrezept)
400 g Mehl
4 Eier
1½–2 TL Salz
2 EL Öl
60–120 ml Wasser
1 EL Öl für das Kochwasser

Pro Person etwa
558 kcal/2335 kJ
19 g E · 18 g F · 71 g Kh

Tip:
Wenn es jemand zu schwer fällt, den Teig zu schlagen, so kann er auch einen Knethaken zu Hilfe nehmen. Für Anfänger ist eine Teigpresse von Vorteil, denn das Schaben von Hand will geübt sein.

SPÄTZLE
(Grundrezept [oben rechts])
Wie auf S. 18/19 gezeigt Spätzle herstellen. Das Mehl mischen. Eier, Salz, Öl und nach und nach das Wasser zugeben und zu einem Teig schlagen, bis er Blasen wirft. Den nicht zu festen Teig etwas ruhen lassen. In einem großen Topf Salzwasser mit Öl zum Kochen bringen. Das Spätzlebrett (ersatzweise ein einfaches Holzbrett) mit Wasser benetzen und etwas Teig glatt und flach daraufstreichen. Mit einem Spätzleschaber oder einem großen Messer den Teig in dünnen Streifen in das kochende Wasser schaben. Das Messer häufiger in das heiße Wasser tauchen. Sobald die Spätzle hochsteigen, diese mit einem Schaumlöffel herausnehmen, ganz kurz mit kaltem Wasser abschrecken, abtropfen lassen und in eine vorgewärmte Schüssel geben. Dies wiederholen, bis der Teig verbraucht ist.

Spätzle und Schwaben sind unzertrennlich, und das schon seit geraumer Zeit. Möglicherweise haben die Schwaben die Vorliebe zu dieser Spezialität von den römischen Legionären übernommen. Besonders gut schmecken Spätzle zu Sauerbraten und Wildgerichten.

ABGESCHMÄLZTE SPÄTZLE
(unten)
Nach dem Grundrezept die Spätzle herstellen.
2–3 Zwiebeln in dünne Ringe schneiden und in 50–60 g Butter goldgelb braten. Über die Spätzle geben.
Mit einem Salat servieren.

KÄSESPÄTZLE (oben links)
Lagenweise mit 250 g geriebenem Schweizer Käse in eine gebutterte Auflaufform schichten und im Ofen überbacken. Für die echten Allgäuer Käsespätzle den Teig vom Brett schaben und die Spätzle ohne abzuschrecken in eine angewärmte, mit Butter eingefettete Schüssel geben und lagenweise den geriebenen Emmentaler Käse dazwischen streuen. Der Käse soll Fäden ziehen.

KRAUTSPÄTZLE (Mitte)
Aus einem halben Grundrezept Spätzle herstellen. Die Spätzle mit 750 g gekochtem Sauerkraut, 250 g gewürfeltem und angebratenem Schinkenspeck und 3 in Ringe geschnittenen und gebratenen Zwiebeln vermischen.

SPÄTZLE-POTPOURRI

LEBERSPÄTZLE
½ Bund Petersilie
2 Zweige Thymian
200 g Vollkornweizenmehl
500 g gemahlene Leber
2 Eier, Salz, weißer Pfeffer
4−8 EL süße Sahne

Pro Person etwa
1035 kcal/4330 kJ
34 g E · 15 g F · 44 g Kh

DINKELSPÄTZLE
100 g Vollkornweizenmehl
100 g Dinkelmehl
40 g Voll-Sojamehl
5 Eier, Meersalz
100 ml Wasser
½ TL gemahlener Kümmel
½ TL gemahlener
Koriander

Pro Person etwa
344 kcal/1440 kJ
18 g E · 10 g F · 40 g Kh

GRATINIERTE
ROGGENSPÄTZLE
220 g Roggenvollkornmehl
180 g Weizenvollkornmehl
6 Eier, 2 TL Salz
2 TL Schabzigerklee
2−3 Zwiebeln
2 EL Öl, 1 EL Butter
200 g Emmentaler
Butter für die Form

Pro Person etwa
780 kcal/3263 kJ
37 g E · 28 g F · 80 g Kh

LEBERSPÄTZLE (oben)
Die Petersilie waschen und hakken, Thymianblättchen von den
Stielen zupfen. Mehl, Leber und
Eier verrühren, salzen, mit frisch
gemahlenem weißem Pfeffer würzen und so viel Sahne zugeben,
daß ein nicht zu fester Teig entsteht. Die Kräuter zugeben. Etwa
30 Minuten ruhen lassen, dann
eventuell nochmals Sahne zufügen. Die Weiterverarbeitung
erfolgt wie bei den einfachen
Spätzle (S. 18/19).
Ein Blattsalat schmeckt ausgezeichnet dazu, aber auch Kartof-
felsalat oder Sauerkraut sind eine
gelungene Ergänzung. Auch sind
die Leberspätzle sehr lecker in
einer Fleischbrühe, dann genügt
aber weniger als die Hälfte der
zubereiteten Menge.

*Für den Schwaben gibt es
keine Teigwaren, es sei denn,
er besitzt ein Teigwarenfabrikle.
Schon 1843 hat Weber in seinem
Demokrit festgestellt: Der echte
Schwabe hat montags Nudle,
dienstags Hutzle, mittwochs
Knöpfle, donnerstags Spätzle,
freitags gedämpfte Grundbirn,
samstags Pfannkuchen, sonntags
Brätle und Salätle. Und wir
vermuten, alles am besten selbst-
gemacht.*

DINKELSPÄTZLE (Mitte)
Mit den links angegebenen
Zutaten nach der Beschreibung
S. 18/19 Spätzle herstellen. Sie
können geschabt oder gehobelt
werden. Diese Variante schmeckt
besonders deftig.

GRATINIERTE ROGGEN-
SPÄTZLE (unten)
Das Mehl mischen. Eier, Salz,
Schabzigerklee und nach und
nach ⅛ Liter Wasser zugeben.
Den Teig schlagen, bis er Blasen
wirft. Etwa 30 Minuten ruhen lassen. Währenddessen die Zwiebeln hacken. Öl erhitzen, Butter
zufügen und die Zwiebeln darin
anbraten. Den Käse reiben. Eine
Auflaufform mit Butter einfetten.
In einem großen Topf Salzwasser
zum Kochen bringen und mit einer
Teigpresse Spätzle durchdrücken.
Man kann auch mit einem Spätzle-
hobel den Teig in das Wasser ho-
beln oder mit einem Messer vom
Brett schaben. Sobald die Spätzle
hochsteigen, mit einem Schaumlöffel herausnehmen. In eine
Schüssel mit lauwarmem Wasser
geben, dann abtropfen lassen.
Lagenweise Spätzle, Käse und
Zwiebeln in die Auflaufform füllen.
Die letzte Schicht sollte Käse sein.
Bei 210°C etwa 15−20 Minuten
im vorgeheizten Backofen backen.

DREIERLEI SPÄTZLE AUF TOMATENSAUCE

Für 6−7 Personen

Für die Buchweizen-
spätzle:
100 g Buchweizenmehl
50 g Vollkornmehl, 3 Eier
5 EL süße Sahne, Salz
Für die Grünkernspätzle:
100 g Grünkernmehl
100 g Vollkornweizenmehl
4 Eier, 2 EL Crème fraîche
Salz, etwa 100 ml Wasser
Für die Parmesanspätzle:
100 g Weizenmehl
40 g Vollkornweizenmehl
25 g frisch geriebener
Parmesan
1−2 EL Schichtkäse (20 %)
2 Eier, Kräutersalz
50 ml Wasser

Für die Tomatensauce:
1½ kg Tomaten (oder
2 Dosen)
2 Zwiebeln
2 Knoblauchzehen
2 Karotten
2 Stangen Bleichsellerie
1 Stück Sellerieknolle
2 Zweige glatte Petersilie
2 EL Olivenöl, 2 EL Butter
2 EL Tomatenmark
¾ Liter Gemüsebrühe,
Salz
Pfeffer, 1 Lorbeerblatt
1 TL Oregano
1 TL Basilikum, 1 EL Mehl

Pro Person etwa
605 kcal/2532 kJ
24 g E · 24 g F · 68 g Kh

Für die Spätzleteige: Aus den angegebenen Zutaten nach der Anleitung S. 18/19 die 3 Teige schlagen, bis sie Blasen werfen und etwas ruhen lassen.

Für die Tomatensauce: Während-dessen die Tomaten überbrühen, häuten und hacken oder die Dosentomaten kleinschneiden. Zwiebeln ebenfalls hacken, Knob-lauchzehen zerdrücken. Karotten, Bleichsellerie und geschälten Knollensellerie in kleine Stücke schneiden, Petersilie hacken. Öl in einem Topf erhitzen, die Hälfte der Butter zugeben und das Gemüse einige Minuten darin unter Rühren andünsten, dann die Tomaten sowie das Tomaten-mark zufügen und durchschmo-ren lassen. Mit Brühe ablöschen. Salz, Pfeffer, Lorbeerblatt, Ore-gano und Basilikum zugeben. 10 Minuten köcheln lassen, Lor-beerblatt entfernen und passieren oder pürieren. Mehl und restliche Butter verkneten, in die Sauce geben und noch einige Minuten kochen lassen, abschmecken und warm stellen.

Die Spätzlesorten getrennt mit dem Spätzlehobel oder von Hand auf einem Brett ins kochende Wasser geben. Mit dem Spätzle-heber oder Schaumlöffel heraus-nehmen. In einer Schüssel mit warmem Wasser kurz schwenken und dann gut abtropfen lassen. Die Tomatensauce als Spiegel auf vorgewärmten Tellern verteilen. Jeweils die Spätzle als drei kleine Portionen darauf anrichten.

SCHUPFNUDELN
KARTOFFELNUDELN

SCHUPFNUDELN
800 g Kartoffeln
etwa 500 g Mehl
3 Eier
Salz
Muskatnuß
1 EL Öl
Nach Belieben: Butter, Salz

Pro Person etwa
750 kcal/3138 kJ
23 g E · 12 g F · 127 g Kh

KARTOFFELNUDELN
450 g Kartoffeln
etwa 50 g Mehl
1 Ei
1 Eigelb
45 g Hartweizengrieß
3 EL Quark
Salz
abgeriebene Muskatnuß
Fett zum Ausbacken

Pro Person etwa
264 kcal/1105 kJ
10 g E · 6 g F · 35 g Kh

SCHUPFNUDELN (unten)
Die Kartoffeln in der Schale kochen, pellen und noch warm durch eine Kartoffelpresse drükken. Mehl, Eier, Salz und abgeriebene Muskatnuß zufügen und verkneten. Wasser in einem Topf mit etwas Salz und 1 Eßlöffel Öl zum Kochen bringen. Den Teig auf einem bemehlten Holzbrett ausrollen und mit einem großen Messer dünne Streifen des Teiges abtrennen und in das kochende Wasser gleiten lassen. Sobald die Nudeln oben schwimmen, sind sie gar. Mit einem Schaumlöffel herausnehmen, gut abtropfen lassen und warm halten. Nach Belieben zum Servieren mit gebräunter Butter übergießen oder zusammen mit Butter und Salz in eine Pfanne geben und anbraten.

Schupfnudeln stellen einmal mehr den Erfindergeist der Schwaben sowie ihren guten Geschmack unter Beweis. Die Kombination von Getreidemehl und Kartoffeln ergibt eine sättigende Mahlzeit, besonders wenn die Schupfnudeln nach dem Trocknen kurz vor dem Servieren in einer Pfanne geschmälzt wurden.

KARTOFFELNUDELN (oben)
Die Kartoffeln in der Schale kochen, pellen und heiß durch eine Kartoffelpresse drücken. Damit der Teig gut zusammenhält, sollten die Kartoffeln erst kurz vor der Verwendung geschält und die Nudeln sofort gekocht werden. Sämtliche Zutaten zu einem Teig verarbeiten, mit den Händen zu fingerdicken Nudeln formen und schwimmend im heißen Fett ausbacken, bis sie goldgelb sind.

Kartoffeln sind nahrhaft und preiswert. Auch in Österreich weiß man aus ihnen leckere Nudeln zu formen, vorausgesetzt, daß es sich um mehlig kochende Kartoffeln handelt. Es muß dann allerdings immer noch etwas Mehl hinzugefügt werden. Ähnliche Rezepte findet man in anderen Landstrichen, von Böhmen bis Ungarn.

HÄHNCHEN-CURRY AUF NUDELN

Indien könnte die Heimat dieses bekömmlichen und zugleich geschmackvollen Gerichtes sein.

2 Schalotten
250 g Hähnchenbrustfilet
3 Zweige frischer Thymian
40 g Butter
1½–2 TL Currypulver
Salz
2 EL Paniermehl
1 EL gemahlene Mandeln
gut ¼ Liter Hühnerbrühe
⅛ Liter süße Sahne
2 EL Mango Chutney
300 g beliebige Nudeln

Pro Person etwa
590 kcal/2468 kJ
22 g E · 23 g F · 62 g Kh

Die Schalotten fein hacken. Hähnchenbrust feinstreifig schneiden. Thymianblättchen von den Stielen zupfen. Die Butter in einem Topf zerlaufen lassen. Currypulver und Schalotten zufügen und goldgelb andünsten, dann Hähnchenbrust, Thymian und Salz zugeben und unter Rühren weiterdünsten. Nach 3 Minuten Paniermehl und Mandeln zugeben und kurz durchdünsten, mit Hühnerbrühe ablöschen. Etwa 3 Minuten köcheln lassen, bis das Fleisch gar ist. Süße Sahne zufügen, nochmals aufkochen lassen, mit Mango Chutney verfeinern und nochmals abschmecken, warm halten. Die Eiernudeln in Salzwasser in etwa 8 Minuten bißfest kochen und mit der Sauce anrichten.

GEBRATENE REISNUDELN MIT GARNELEN

180 g Reisnudeln
250 g Garnelen
½ – 1 TL Speisestärke
4 Frühlingszwiebeln
350 g Chinakohl
3 Karotten
3 Knoblauchzehen
1 kleine rote Chilischote
1 kleine grüne Chilischote
4 EL Pflanzenöl
(Soja- oder Maiskeimöl)
Salz
etwa ¼ Liter
Gemüsebrühe
etwa 2 EL Fischsauce
etwa 2 EL Sojasauce
½ TL Zucker

Pro Person etwa
468 kcal/1958 kJ
17 g E · 23 g F · 43 g Kh

Tip:
Der Wok ist das universelle Küchengerät der Chinesen. Ursprünglich für die offene Feuerstelle gedacht, können mit seiner Hilfe alle Speisen schnell zubereitet werden. In Verbindung mit kurzer Garzeit und der angewandten Rührtechnik bleiben Vitamine und Mineralstoffe weitgehend erhalten. Als Ersatz ist eine große Bratpfanne mit hohem Rand geeignet.

Die Reisnudeln mit kochendem Wasser übergießen, 5 Minuten darin einweichen lassen. Mit einer Gabel lockern, dann mit kaltem Wasser gut abbrausen und abtropfen lassen. Eventuell die Nudeln etwas kleiner schneiden. Die Garnelen der Länge nach einschneiden, den Darm entfernen und kurz waschen. Mit Speisestärke überpudern. Frühlingszwiebeln, Chinakohl, Karotten waschen und putzen. Die Frühlingszwiebeln in Ringe, den Kohl feinstreifig schneiden. Die Knoblauchzehen hacken. Die Karotten in nicht zu dicke Scheiben schneiden. Die Chilischote längs aufschneiden, entkernen und kleinschneiden. Den Wok erhitzen (ersatzweise eine Pfanne), dann erst das Öl hineingeben. Garnelen etwa 1 Minute unter Rühren braten, salzen, dann herausnehmen. Im gleichen Öl Frühlingszwiebeln, Knoblauch und Chilischoten unter Rühren braten. Karotten zugeben, salzen, nach ein paar Minuten den Kohl und einige Minuten unter Rühren weiterbraten. Gemüsebrühe, Fischsauce, Sojasauce und Zucker zufügen. Das Gemüse sollte aber noch knackig sein. Zum Schluß die Nudeln und Garnelen zufügen, alles mischen und abschmecken.

Die Nudelkultur kann im Fernen Osten auf eine lange Tradition zurückblicken. Im Süden Chinas kam man schon früh auf die Idee, aus Reismehl Nudeln herzustellen, um damit die Lagerfähigkeit dieses wichtigen Lebensmittels zu verbessern. Die schlanken Reisnudeln ähneln den Glasnudeln aus Soja- oder Mungobohnenmehl, bekommen jedoch nach dem Einweichen ein milchiges Aussehen. Ihre Garzeit ist kurz, weil sie bereits bei der Herstellung vorbehandelt wurden.

CHOW-MEIN
BAHMI GORENG

CHOW-MEIN
10 g getrocknete Pilze
(Mu-Err)
300 g chinesische
Eiernudeln, Salz
350 g Schweinefilet
4 Frühlingszwiebeln
1 Karotte
1 Knoblauchzehe
3–4 EL helle Sojasauce
1 EL Speisestärke
4 EL Erdnußöl
300 g Sojabohnensprossen
⅛ Liter Hühnerbrühe
1–2 EL Reiswein
1 Liter Öl zum Fritieren

Pro Person etwa
1173 kcal/4907 kJ
34 g E · 33 g F · 71 g Kh

BAHMI GORENG
300 g Mie-Nudeln, Salz
250 g Hähnchenbrustfilet
250 g Chinakohl
4–5 Frühlingszwiebeln
1 Stück frischer Ingwer
3 Knoblauchzehen
200 g küchenfertige
Garnelen
6 EL Erdnußöl
1 TL Sambal Manis
2–3 EL Ketjap Manis
2–3 EL helle Sojasauce
2 Eier

Pro Person etwa
666 kcal/2787 kJ
30 g E · 34 g F · 60 g Kh

CHOW-MEIN (oben)
Die Pilze in warmem Wasser einweichen. Die Nudeln in Salzwasser in etwa 5 Minuten bißfest kochen, abgießen und mit kaltem Wasser abschrecken. Das Schweinefilet in Streifen schneiden. Frühlingszwiebeln waschen und in schmale Ringe, Karotte schaben und in dünne Scheiben schneiden. Den Knoblauch hacken. Das Fleisch mit Sojasauce beträufeln und mit Speisestärke überpudern. Öl in einem Wok oder einer Pfanne erhitzen und das Fleisch 2–3 Minuten von allen Seiten unter Rühren anbraten, dann die Karotte und den Knoblauch zugeben, salzen, weitere 2 Minuten bei mittlerer Hitze unter Rühren braten. Die Frühlingszwiebeln, die Sojabohnensprossen und die abgetropften Pilze mit der Hühnerbrühe zufügen und weitere 3 Minuten unter Rühren garen. Mit Sojasauce und Reiswein abschmecken. Warm stellen.
Das Öl in einem Fritiertopf erhitzen. Die Nudeln trockentupfen und portionsweise mit einer Schaumkelle in das heiße Öl geben und goldgelb fritieren. Auf Kreppapier abtropfen lassen. Zusammen mit der Fleisch-Gemüse-Pfanne servieren.

BAHMI GORENG (unten)
Die Nudeln in Salzwasser in etwa 5 Minuten kochen, abgießen, abschrecken und abtropfen lassen. Hähnchenbrustfilet und Kohl in Streifen, die Frühlingszwiebeln in Ringe schneiden. Ingwer und Knoblauch schälen und fein hacken. Die Garnelen der Länge nach halbieren. Die Hälfte des Öls in einem Wok oder einer Pfanne erhitzen. Die Nudeln hineingeben und braten, dann herausnehmen und das restliche Öl erhitzen. Hähnchenbrustfilet kurz darin unter Rühren anbraten. Frühlingszwiebeln, Knoblauch und Ingwer zugeben. Nach etwa 2–3 Minuten Pfannenrühren Chinakohl, Garnelen und Salz zufügen und kurz braten. Nun die Nudeln zugeben und alles vermischen. Mit den Gewürzsaucen abschmecken.
Aus den verquirlten Eiern in wenig Öl ein Omelett backen, in Streifen schneiden und über das Gericht legen. Servieren.

JAPANISCHE IMPRESSION

Für 6 Personen

6 Venusmuscheln
6 Herzmuscheln
8–12 kleine Champignons
½ Zitrone
3 Karotten
100 g zarte grüne Bohnen
200 g Chinakohl
2 Stangen Lauch
200 g Glasnudeln
(japanische Harusame)
1 Liter Dashi-Brühe
(Instantpulver)
300 g Hähnchenbrustfilet
300 g Seebrassenfilet oder
ein anderer Seefisch
200 g Tofu
4 ausgelöste
Jakobsmuscheln
(frisch oder tiefgekühlt)
12 küchenfertige Garnelen
4–5 EL Sojasauce
5 EL Sake (Reiswein)
1 EL Tonkatsu Sauce
1–2 Messerspitzen
Cayennepfeffer

Pro Person etwa
400 kcal/1674 kJ
36 g E · 7 g F · 35 g Kh

Die Muscheln für eine halbe Stunde in kaltes Salzwasser legen, dann mehrmals in kaltem Wasser waschen. Die Champignons putzen und im ganzen in Zitronenwasser legen. Die Karotten schaben und in dünne Scheiben schneiden. Die Bohnen putzen und eventuell einmal durchschneiden. Die Kohlblätter waschen und in etwa 4–6 cm große Quadrate schneiden. Den Lauch putzen und schräg in Scheiben schneiden. Die Glasnudeln in kochendes Wasser geben, etwa 3–4 Minuten kochen, in einem Durchschlag abtropfen lassen und mit kaltem Wasser abschrecken. Dashi mit 1 Liter Wasser anrühren.
Hähnchenbrustfilet und Seebrassenfilet in etwa 4 cm große Würfel schneiden. Tofu etwas kleiner würfeln. Die Brühe mit den Gemüsen zum Kochen bringen und etwa 5 Minuten bei mittlerer Hitze köcheln lassen. Venus- und Herzmuscheln, Hähnchenfleisch und Fisch dazugeben und weitere 5 Minuten garen. Jakobsmuscheln, Garnelen, Tofu und Glasnudeln zugeben, würzen, kurz (etwa 2 Minuten) ziehen lassen. Gut abschmecken und in einem formschönen Tontopf mit passenden Portionsschälchen servieren.

Japan ist eine Inselwelt. Wie könnte es da anders sein, als daß Fisch und Meeresfrüchte einen hervorragenden Platz innehaben. Auch auf frisches Gemüse der Saison wird besonderen Wert gelegt. Das vorliegende Gericht ist deshalb interessant, weil auch noch Fleisch hinzugefügt wird. Die japanische Küche, ob einfach naturbelassen oder raffiniert, präsentiert ihre Produkte als kleine Kunstwerke, bei denen Gaumen und Auge in gleichem Maß berücksichtigt werden. Nicht nur die Speisen werden entsprechend zusammengestellt, auch die Wahl des Porzellans erfolgt nach strengen Regeln.

GERIEBENE NUDELN
MOHN-RISONI

GERIEBENE NUDELN
Für den Teig:
180 – 200 g Mehl
2 Eier
Salz
Für die Sauce:
½ Liter Milch
½ Liter süße Sahne
1 EL Zucker
1 TL gemahlene Vanille
nach Belieben 300 g
gemischte Beerenfrüchte

Pro Person etwa
665 kcal/2782 kJ
14 g E · 39 g F · 58 g Kh

MOHN-RISONI
80 g Mohn
40 g Butter
¾ Liter Milch
etwa 60 g Zucker
je nach Geschmack
1 TL gemahlene Vanille
2 Messerspitzen
gemahlener Zimt
100 g Nudeln (Risoni)
Nach Belieben
Aprikosenkompott

Pro Person etwa
432 kcal/1807 kJ
14 g E · 24 g F · 48 g Kh

GERIEBENE NUDELN (oben)
Für den Teig: Das Mehl auf ein
Nudelbrett sieben. Eine Mulde
formen und die Eier hineingeben.
Mit Salz zu einem festen Teig
verarbeiten (siehe Grundrezept
S. 10/11). Den Teig in Aluminiumfolie verpackt für etwa
30 – 40 Minuten in das Gefrier-
fach legen. Auf einer Reibe (grobe
Seite) den Teig auf ein mit Mehl
bestäubtes Stück Pergament-
papier reiben. Um ein Aneinanderkleben der geriebenen Nudeln
zu vermeiden, wenig Mehl darüberstäuben.
Für die Sauce: Milch, Sahne,
Zucker und Vanille verrühren und
erhitzen. Die geriebenen Nudeln
etwa 3 Minuten darin garen
lassen.
Dazu gemischte Beerenfrüchte
reichen oder Früchte direkt auf
die Nudeln geben.

*D*ieses Rezept erfreut sich
großer Beliebtheit bei jung
und alt. Dient es meist als
Dessert, so kann es gekühlt im
Sommer gelegentlich auch eine
kleine Mahlzeit ersetzen.

MOHN-RISONI (unten)
Den Mohn mahlen. Die Butter
erhitzen und den Mohn darin
unter Rühren etwas anrösten. Die
Milch unter Rühren zugießen.
Zucker, Vanille und Zimt
zugeben. Nach dem Aufkochen
die Risoni zufügen und etwa
11 Minuten kochen lassen. Hin
und wieder umrühren, um ein
Anbrennen zu vermeiden.
Mit Aprikosenkompott servieren.

*D*as Aroma des Mohns tritt
noch intensiver hervor,
wenn er gemahlen wird. Dazu eignen sich Kaffee- oder Getreide-
mühlen. Letztere müssen allerdings mit einem Mahlwerk aus
Stahl versehen sein.

CULINGIONES

Für den Teig:
150 g Mehl
150 g Hartweizengrieß
3 Eier
Salz

Für die Füllung:
250 g Spinat
1 Zwiebel
1 EL Butter
Salz
frisch gemahlener
weißer Pfeffer
abgeriebene Muskatnuß
200 g sardischer
Schafskäse
1 Ei
1–2 EL Paniermehl

Zum Servieren:
400–500 g sonnengereifte
Tomaten
2 EL Olivenöl
60 g frisch geriebener
Pecorino sardo

Pro Person etwa
650 kcal/2720 kJ
16 g E · 26 g F · 67 g Kh

Für den Teig: Aus den links angegebenen Zutaten wie auf S. 10/11 beschrieben einen Nudelteig herstellen und ruhen lassen.
Für die Füllung: Den Spinat waschen und naß im Topf zusammenfallen lassen, auspressen und hacken. Die Zwiebel kleinschneiden und in der Butter andünsten, Spinat kurz dazugeben und würzen. Vom Herd nehmen und auskühlen lassen. Schafskäse, Ei und Paniermehl zufügen und mit dem Schneidstab pürieren.
Den Teig 2 mm dünn ausrollen. Im Abstand von etwa 4 cm Füllmasse auf den Teig geben. Eine zweite Platte darauflegen (siehe S. 16/17). Die Ränder anfeuchten und mit einem Rädchen Quadrate ausschneiden. Auf einer bemehlten Fläche liegen lassen.
Zum Servieren: Die Tomaten überbrühen, häuten und hacken. Olivenöl erhitzen, Tomaten zufügen, mit Salz und Pfeffer würzen und einköcheln lassen.
Die Teigtaschen portionsweise in siedendes Salzwasser geben und in 5–8 Minuten bißfest kochen. Mit einem Schaumlöffel herausnehmen und auf vorgewärmte Teller verteilen. Tomatenmus darübergeben. Mit geriebenem Pecorino sardo bestreut servieren.

Schon immer war in Mittel- und Süditalien ein rustikaler Hartkäse aus Schafsmilch ein beliebter Begleiter für Pasta-Gerichte. Der Pecorino sardo zeichnet sich durch seinen pikanten, aber nicht zu scharfen Geschmack aus. Als Krönung über das fertige Gericht gerieben, verströmt er einen herzhaft würzigen Duft. Lassen Sie sich durch die Culingiones in den sonnigen Süden entführen!

Cappelletti mit Fleischfüllung

Für den Teig:
200 g Weizenmehl
1 Ei, 1 Eigelb
Salz
1 TL Olivenöl
etwa 1–2 EL Wasser

Für die Füllung:
100 g luftgetrockneter
Schinken
4–5 Salbeiblättchen
25 g Butter
200 g Kalbfleisch
(gekocht oder gebraten)
3 EL süße Sahne
1 Ei
3 EL frisch geriebener
Parmesan
Salz
frisch gemahlener
weißer Pfeffer

Zum Servieren:
60 g Butter
50 g frisch geriebener
Parmesan
Nach Belieben:
12 Salbeiblättchen
Butter

Pro Person etwa
655 kcal/2740 kJ
27 g E · 41 g F · 36 g Kh

Aus den links angegebenen Zutaten wie auf S. 10/11 beschrieben einen Nudelteig herstellen und ruhen lassen.
Schinken und Salbeiblättchen feinstreifig schneiden. In der erhitzten Butter kurz andünsten. Mit Kalbfleisch und Sahne im Mixer pürieren. Ei und Parmesan zufügen, salzen und pfeffern.
Den Teig etwa 2 mm dünn ausrollen und Quadrate von 5–6 cm schneiden. Mit einem Teelöffel etwas Füllmasse daraufgeben, die Ränder anfeuchten, zu einem Dreieck umschlagen und zusammendrücken. Die Dreiecke um den Finger wickeln, die Enden so aufeinanderdrücken, daß ein Ring entsteht (siehe S. 16/17 Beschreibung für Tortellini). Die Spitzen hochschlagen, damit die Cappelletti auch wie ein Hütchen aussehen. Auf einer bemehlten Arbeitsfläche noch etwas ruhen lassen.
In siedendem Salzwasser in 5–8 Minuten in 3–4 Arbeitsgängen bißfest kochen. Mit einem Schaumlöffel herausnehmen und auf vorgewärmte Teller geben. Die restliche Butter erhitzen und über die Cappelletti geben. Mit Parmesan bestreut servieren. Nach Belieben Salbeiblättchen in Butter schwenken und zufügen.

Der auf den trockenen Kalkböden der Mittelmeerregionen wachsende Salbei ist nicht nur aus medizinischen Gründen eine sehr geschätzte Pflanze. Das in den Blättern enthaltene ätherische Öl und die Gerbsäure sorgen für einen würzig-bitteren Geschmack, der vor allem Fleischgerichte zu einer Delikatesse werden läßt. Man nimmt an, daß im Mittelalter pflanzenkundige Benediktinermönche Salbei aus dem Süden über die Alpen zu uns gebracht haben.

Ravioli nach Genueser Art

Für 6 Personen

Für den Nudelteig:
400 g Weizenmehl
3 Eier, Salz
2–3 TL Olivenöl
etwa 1–2 EL Wasser

Für die Füllung:
1 Bund Basilikum
je 100 g Kalbshirn,
Kalbsbries, Kalbsmilz
100 g Borretsch
250 g Mangoldblätter
100 g Kalbsleber
1 EL Butter
50 g frisch geriebenes
Paniermehl
etwa 5 EL Kalbsbrühe
125 g Kalbfleisch (gekocht
oder gebraten)
2 Eier
70 g frisch geriebener
Parmesan
Salz
weißer Pfeffer
½ TL getrockneter
Majoran

Zum Servieren:
50 g zerlassene Butter
frische Majoranblättchen
50–60 g frisch geriebener
Parmesan

Pro Person etwa
585 kcal/2448 kJ
31 g E · 19 g F · 49 g Kh

Für den Teig: Aus den links angegebenen Zutaten wie auf S. 10/11 beschrieben einen Teig herstellen und ruhen lassen.
Für die Füllung: Die Kräuter von den Stielen zupfen, waschen und trocknen. Kalbshirn säubern, blanchieren und die Haut abziehen. Kalbsbries und Kalbsmilz 4–5 Minuten blanchieren und abschrecken. Häute und Gefäße vom Bries entfernen, alles sehr klein schneiden. Borretsch und Mangold blanchieren. Kalbsleber 3 Minuten in Butter braten. Frisch geriebenes Paniermehl in Brühe einweichen. Kalbfleisch, Kalbsleber, Mangold, Borretsch und Basilikum in der Küchenmaschine pürieren. Eier, Hirn, Bries, Milz, Paniermehl und Parmesan zufügen und vermischen. Mit Salz, Pfeffer und Majoran würzen. Den Teig 2 mm dick ausrollen. 5 cm breite Streifen ausschneiden. Im Abstand von etwa 3–4 cm jeweils 1 Teelöffel Füllung daraufsetzen. Ränder mit Wasser einstreichen. Eine zweite Teigplatte gleicher Größe darüberlegen (siehe S. 16/17). Ränder andrücken und Teigtaschen mit dem Rädchen ausrollen. Auf bemehlter Unterlage etwas antrocknen lassen. Die Ravioli portionsweise in Salzwasser in 6–8 Minuten bißfest kochen. Vorsichtig mit einem Schaumlöffel herausnehmen und abtropfen lassen. Auf vorgewärmten Tellern verteilen. Mit in Butter geschwenkten Majoranblättchen und Parmesan servieren.

Zu den aromatisch frischen Kräutern und Gemüsen Liguriens gesellen sich nach alten Originalrezepten mindestens fünf verschiedene Kalbfleischsorten. Mit einer derartig raffinierten Füllung mußten die Ravioli aus Genua weit über ihren Herkunftsort berühmt werden.

TORTELLINI NACH BOLOGNESER ART

Für den Teig:
300 g Weizenmehl
3 Eier
Salz
1 TL Olivenöl

Für die Füllung:
20 g Butter
80 g Truthahn- oder Putenbrust
80 g Kalbfleisch
80 g Schweineschnitzel
80 g Mortadella
80 g Parmaschinken
1 Ei
1 Eigelb
100 g frisch geriebener Parmesankäse
Salz
frisch gemahlener weißer Pfeffer
abgeriebene Muskatnuß

1–1¼ Liter Brühe
nach Belieben etwa 50 g geriebener Parmesankäse

Pro Person etwa
744 kcal/3113 kJ
42 g E · 34 g F · 57 g Kh

Für den Teig: Aus den links angegebenen Zutaten wie auf S. 10/11 beschrieben einen Nudelteig herstellen und 20–30 Minuten ruhen lassen.
Für die Füllung: Die Butter zerlaufen lassen. Truthahnbrust, Kalb- und Schweinefleisch etwa 10–12 Minuten leicht anbraten. Das etwas abgekühlte Fleisch mit Mortadella und Parmaschinken durch den Fleischwolf drehen oder pürieren. Ei, Eigelb und Parmesankäse zufügen und würzen. Dann den Teig 2 mm dünn ausrollen. Kreise oder Quadrate von etwa 4 cm Durchmesser oder Kantenlänge ausschneiden. Etwas Füllmasse daraufgeben. Die Ränder mit Wasser befeuchten und zu Halbmonden oder Dreiecken zusammenfalten. Die Ränder gut andrükken. Die Halbmonde oder Dreiecke um den Zeigefinger legen, mit etwas Wasser befeuchten und die Enden zusammendrücken.
Die Arbeitsfläche mit Mehl bestreuen, die Tortellini darauflegen und mit einem Tuch bedeckt etwa 20–25 Minuten ruhen lassen.
In kochender Brühe in etwa 8–9 Minuten bißfest kochen. Nach Belieben mit Parmesankäse bestreuen und in der Brühe servieren.

Die Bewohner von Bologna verstanden zu allen Zeiten gut zu speisen. Spezielle Produkte der Emilia-Romagna wie Prosciutto, luftgetrockneter Parmaschinken, Parmigiano Reggiano und Mortadella sind die Schätze, die sich im Innern dieser Teigtäschchen verbergen.

CANNELLONI MIT RICOTTA-SPINAT-FÜLLUNG

Für den Nudelteig:
200 g Mehl, 2 Eier
2 TL Olivenöl, Salz
oder fertige Cannelloni
Zum Kochen: 1 EL Öl

Für die Füllung:
1 Zwiebel
1 Knoblauchzehe
250 g frischer Spinat oder
eine Tiefkühlpackung
15 g Butter, 200 g Ricotta
1 Ei, 1 Eigelb
Salz
frisch gemahlener
weißer Pfeffer
abgeriebene Muskatnuß

Für die Tomatensauce:
800 g Tomaten
oder 1 große Dose
geschälte Tomaten
1 Zwiebel
1 Knoblauchzehe
1 Stück Knollensellerie
1 Karotte
2 Stengel glatte Petersilie
40 g Butter
2 EL Tomatenmark
gut ¼ Liter Gemüsebrühe
10 g Mehl, Salz, Pfeffer
1 – 2 Zweige Basilikum

Butter für die Form
Nach Belieben:
40 g frisch geriebener
Parmesan, Butterflöckchen

Pro Person etwa
713 kcal/2983 kJ
36 g E · 35 g F · 57 g Kh

Für den Teig: Aus den links angegebenen Zutaten den Nudelteig wie auf S. 10/11 beschrieben zubereiten und sehr dünn ausrollen. Etwa 10 cm große Quadrate ausschneiden, in kochendem Salzwasser, dem 1 Eßlöffel Öl zugesetzt wurde, portionsweise bißfest kochen. Herausnehmen und nebeneinander auf ein Küchentuch legen.

Für die Füllung: Die Zwiebel hacken und die Knoblauchzehe zerdrücken. Den Spinat verlesen, grobe Stiele abschneiden und waschen. 2 – 3 Minuten in kochendem Wasser blanchieren, abschrecken, ausdrücken und sehr fein hacken oder durch die feine Scheibe des Fleischwolfs drehen. Den Tiefkühlspinat nur auftauen. Die Butter erhitzen. Die Zwiebel darin andünsten. Knoblauch und Spinat zufügen und weitere 1 – 2 Minuten dünsten. Vom Herd nehmen. Ricotta mit der Gabel zerdrücken und mit dem Spinat vermischen. Ei und Eigelb verquirlen und zugeben. Mit Salz, Pfeffer und Muskat würzen und erkalten lassen.

Für die Tomatensauce: Die Tomaten häuten und hacken. Die Zwiebel würfeln und die Knoblauchzehe zerdrücken. Sellerie und Karotte waschen, putzen und in Würfel schneiden, die Petersilie hacken. Die Hälfte der Butter zerlassen. Zwiebel, Sellerie, Karotte und Petersilie hineingeben und 5 – 6 Minuten dünsten. Knoblauch, Tomaten und Tomatenmark zufügen. Mit der Gemüsebrühe ablöschen. Etwa 15 – 20 Minuten köcheln lassen. Durch ein Sieb passieren. Die restliche Butter mit dem Mehl verkneten und in die Sauce rühren. Nochmals kurz aufkochen lassen. Mit Salz und Pfeffer abschmecken. Basilikumblättchen feinstreifig schneiden und zufügen.

Die Ricotta-Spinat-Mischung auf die Teigblätter verteilen, aufrollen und mit der überlappenden Seite nach unten nebeneinander in die eingefettete ofenfeste Form geben. Mit der heißen Sauce begießen. Nach Belieben Butterflöckchen daraufsetzen und geriebenen Parmesan darüberstreuen. Abdecken (Aluminiumfolie) und 10 – 15 Minuten in dem auf 160 °C vorgeheizten Ofen belassen. In den letzten 6 Minuten die Folie abnehmen. Bei Verwendung von vorgefertigten Cannelloni sollten Sie sich nach den Anweisungen des Herstellers richten. Die Zeit im Backofen beträgt meistens 35 – 45 Minuten.

CANNELLONI MIT WILDBRETFÜLLUNG

Für die Füllung:
2 Frühlingszwiebeln
1 Knoblauchzehe
250 g Wildbret
60 g gekochter Schinken
150 g Geflügelleber
1 Bund glatte Petersilie
50 g Butter
Butter für die Form
1 Gläschen Cognac
⅛–¼ Liter süße Sahne
Salz
frisch gemahlener
schwarzer Pfeffer
½ TL Piment
½ TL Majoran
1 TL abgeriebene
unbehandelte
Zitronenschale
1 TL Zitronensaft
2 Eier
4 EL Paniermehl
je nach Größe 12–16
ofenfertige Cannelloni

Für die Sauce:
45 g Butter
40 g Mehl
gut ½ Liter Milch
Salz
frisch gemahlener
weißer Pfeffer
einige Tropfen
Worcestershiresauce

Butter für die Form

Pro Person etwa
920 kcal/3850 kJ
38 g E · 52 g F · 58 g Kh

Für die Füllung: Die Frühlingszwiebeln waschen, putzen und in schmale Ringe schneiden, die Knoblauchzehe zerdrücken. Das Fleisch durch die feine Scheibe des Fleischwolfs drehen. Den Schinken und die Geflügelleber getrennt in kleine Stücke schneiden. Petersilie hacken (etwas für die Garnitur zurückbehalten). Die Hälfte der Butter in einer Pfanne zerlaufen lassen und darin die Zwiebeln andünsten. Knoblauch zufügen, kurz durchrühren und in eine Schüssel geben. In der gleichen Pfanne die Leber etwa 1½–2 Minuten rosa braten, dann zu den Zwiebeln geben. Die restliche Butter erhitzen und das Wildbret anbraten. Mit Cognac ablöschen. Die Sahne zufügen und unter ständigem Rühren etwa 6–8 Minuten garen. Mit Salz, Pfeffer, Piment, Majoran, Zitronenschale und Zitronensaft würzen und mit der Leber vermischen. Schinken, Petersilie, Eier und Paniermehl unterrühren, nochmals abschmecken und in die Cannelloni füllen.

Für die Sauce: Die Butter erhitzen, Mehl hineinschütten und kurz durchschwitzen lassen. Mit heißer Milch unter ständigem Rühren auffüllen, einige Minuten durchkochen lassen und würzen.

In eine mit Butter ausgestrichene ofenfeste Form etwas Sauce gießen, Cannelloni nebeneinander einschichten und mit Sauce abdecken. Zugedeckt (Aluminiumfolie) je nach Anweisung des Herstellers etwa 40 Minuten in den auf 190°C vorgeheizten Ofen stellen. Mit Petersilienblättchen garniert servieren.

Cannelloni bedeutet soviel wie „große Röhren“. Ob Hase, Reh oder Hirsch, alle Wildbretarten lassen sich für eine geschmackvolle Füllung verwenden. Wildbret, gut abgehangen, steht im Herbst und Winter frisch zur Verfügung. In der übrigen Zeit kann man tiefgefrorene Stücke nehmen. Durch den Frostzustand wird das Fleisch zudem etwas mürbe.

AGNOLOTTI MIT TRÜFFELN

Für den Teig:
200 g Weizenmehl
2 Eier
1−2 TL Wasser

Für die Füllung:
20 g Butter
200 g Hühnerbrustfilet
Salz
frisch gemahlener
weißer Pfeffer
100 g roher Schinken
1 Ei, 1 Eigelb
1−2 EL Paniermehl
2 EL frisch geriebener
Parmesan
1 kleine Trüffel
50−60 g Butter

Pro Person etwa
565 kcal/2364 kJ
24 g E · 31 g F · 40 g Kh

Für den Nudelteig: Aus den links angegebenen Zutaten wie auf S. 10/11 beschrieben einen Nudelteig herstellen und ruhen lassen.

Für die Füllung: Die Butter erhitzen. Hühnerbrustfilet in wenigen Minuten beidseitig braten, salzen, pfeffern und erkalten lassen. Zusammen mit dem Schinken durch den Fleischwolf drehen oder in der Küchenmaschine pürieren. Ei, Eigelb, Paniermehl und Parmesan zufügen. Mit Salz und Pfeffer abschmecken.

Den Teig etwa 2 mm dick ausrollen und jeweils 1 Teelöffel im Abstand von etwa 4 cm daraufgeben. Eine zweite Teigplatte darüberlegen (siehe S. 16/17). Ränder anfeuchten, um die Füllung herum gut andrücken und mit einem Teigrädchen ausradeln. Auf einer bemehlten Unterlage ruhen lassen.

Die Trüffel mit einer Bürste putzen. Die Agnolotti in siedendes Salzwasser geben und etwa 6−7 Minuten portionsweise bißfest kochen. Mit einem Schaumlöffel herausnehmen, abtropfen lassen und auf vorgewärmten Tellern anrichten. Die zerlassene Butter darübergeben. Die Trüffel darüberhobeln.

Trüffeln sind äußerlich recht unansehnlich, ihnen entströmt jedoch ein anregendes Aroma, das das Interesse der Feinschmecker weckt. Die Tagesausbeute der Trüffelschweine und -hunde besteht oft nur aus wenigen Gramm. In Agnolotti verpackt, erhöhen sie deren Wert um ein Vielfaches.

KRABBEN IN CONCHIGLIONE

Je nach Größe etwa
20 Conchiglione
(Muscheln aus
Hartweizengrieß)
2 Frühlingszwiebeln
1½ Bund Dill
50 g Butter
20 g Weizenvollkornmehl
etwa 175–200 ml
Flüssigkeit (je ⅓ Brühe,
süße Sahne und Milch)
250 g vorbereitete
Krabben
Salz
frisch gemahlener
weißer Pfeffer
einige Tropfen
Worcestershiresauce
20 g Butter für die Form
40 g frisch geriebener
Parmesankäse
Nach Belieben Dillzweige
oder Salatblätter zum
Garnieren

Pro Person etwa
496 kcal/2075 kJ
23 g E · 32 g F · 43 g Kh

Conchiglione in reichlich Wasser in etwa 8–12 Minuten (je nach Größe) bißfest kochen. Kalt abbrausen und zum Trocknen auf Küchenkrepp oder auf ein Küchentuch legen. Währenddessen die Frühlingszwiebeln waschen, putzen und in Ringe schneiden, den Dill hacken. Etwas für die Garnitur zurückbehalten. Die Butter erhitzen und die Zwiebelringe darin kurz andünsten. Mehl darüberstäuben und einige Minuten durchschwitzen lassen, ohne daß es Farbe annimmt. Nach und nach mit Brühe, Sahne und Milch ablöschen. Mit einem Schneebesen gut verrühren, damit keine Klümpchen entstehen. Bei niedriger Temperatur und unter fortwährendem Rühren etwa 6 Minuten kochen lassen. Die Konsistenz der Sauce sollte ziemlich dick sein. Danach Krabben und Dill zufügen, mit Salz, Pfeffer und Worcestershiresauce abschmekken. Diese Masse in die gekochten Muscheln füllen und nebeneinander in eine gut gefettete Auflaufform setzen. Mit Parmesan bestreuen, mit Aluminiumfolie abdecken und etwa 8–15 Minuten in den auf 200 °C vorgeheizten Ofen stellen. Die letzten 3–4 Minuten die Folie

abnehmen. Mit Dillzweigen oder Salatblättern dekorativ auf Portionstellern anrichten.

*D*er Name leitet sich ab von Conchiglia, *Muschel. Für das vorliegende Gericht wurde eine der größeren Formen ausgewählt. Sie lassen sich gut füllen. Die Kombination von Teigwaren und Meeresfrüchten ist so wohlschmeckend wie gesund und kann auch einen größeren Hunger stillen. Ein gekühlter Weißwein wie etwa ein Soave Classico D.O.C. ist ein guter Begleiter zu diesem Gericht.*

SCHWÄBISCHE MAULTASCHEN

Für den Teig:
300 g Mehl
2 Eier
Salz
5−6 EL Wasser

Für die Füllung:
200 g Spinat (frisch
oder tiefgekühlt)
½ Bund Petersilie
1 Zwiebel
200 g gekochtes
Rindfleisch oder auch
Bratenreste
30 g Butter
2−3 EL Paniermehl
1 EL Schnittlauchröllchen
Salz
frisch gemahlener Pfeffer
abgeriebene Muskatnuß

Pro Person etwa
460kcal/1925 kJ
23 g E · 10 g F · 63 g Kh

Tip:
Es gibt oft Fleisch- oder
Gemüsereste von den
Vortagen, die als Füllung
für Maultaschen geeignet
sind.

Für den Teig: Das Mehl auf ein Backbrett sieben. In die Mitte eine Vertiefung drücken. Eier, Salz und Wasser hineingeben (die Eier sollten Zimmertemperatur haben) und schnell zu einem Teig verarbeiten (siehe Anleitung S. 10/11). Gut kneten, bis der Teig glatt und glänzend ist. Teig unter einer vorgewärmten Schüssel ruhen lassen.

Für die Füllung: Den Spinat verlesen und waschen, mit 1 Eßlöffel Wasser in einem Topf zusammenfallen lassen, dann hacken oder pürieren oder Tiefkühlspinat verwenden. Den Spinat etwas ausdrücken. Die Petersilie und die Zwiebel hacken, das Fleisch in sehr kleine Würfelchen schneiden, die Butter erhitzen, Zwiebel andünsten, Petersilie zugeben, vom Herd nehmen. Alle Zutaten für die Füllung miteinander verrühren. Mit Salz, Pfeffer und Muskat gut abschmecken.
Den Teig dünn ausrollen und Quadrate von etwa 6−12 cm ausrädeln und etwas Füllung daraufgeben. Man kann auch zuerst die Füllung in gleichmäßigen Abständen auf die Teigplatte geben, die Zwischenräume mit Eiweiß oder Wasser bestreichen und die andere Teighälfte darüberschlagen und andrücken

(siehe S. 16/17). Je nach Belieben entstehen Dreiecke, Quadrate, Rauten, Rechtecke, Kreise oder Halbmonde. Bei allen Maultaschenformen sollte vor dem Zusammendrücken jedoch vorher die Luft etwas herausgedrückt werden.
In kochendes Salzwasser geben und je nach Größe etwa 8−10 Minuten ziehen lassen. Abtropfen lassen und mit gebräunten Zwiebeln servieren. Ein Salat schmeckt sehr gut dazu.

*W*enn die ursprüngliche *Fastenspeise noch eine Gemüsefüllung enthielt, so entdeckten bald findige Schwaben, daß man unter Teig auch Fleisch verstecken kann. Ob man solche Sünden den Schwaben anlasten kann, zumal wir uns ja alle heute an dieser weiterentwickelten Form erfreuen?*

VOLLKORNCANNELLONI MIT FLEISCHFÜLLUNG

Für den Nudelteig:
225 g Vollkornweizenmehl
2 Eier, 25 ml Weißwein
2 TL Olivenöl, Salz

Zum Kochen: 1 EL Öl

Für die Füllung:
80 g magerer geräucherter
Bauchspeck
1 Selleriestange
1 Karotte, 1 Zwiebel
1 Knoblauchzehe
2 EL Olivenöl
250 g Rinderhackfleisch
2 EL Tomatenmark
75 ml Rotwein
75 ml Brühe
Salz, frisch gemahlener
weißer Pfeffer
2 Stengel frischer oder
½–1 TL getrockneter
Thymian
1 Lorbeerblatt
40 g Paniermehl, 1 Ei
½ Bund glatte Petersilie

Für die Béchamelsauce:
45 g Butter, 40 g Mehl
400 ml Milch, Salz
frisch gemahlener
weißer Pfeffer

Butter für die Form
40 g frisch geriebener
Parmesan zum Bestreuen

Pro Person etwa
903 kcal/3778 kJ
32 g E · 50 g F · 65 g Kh

Für den Teig: Aus den links angegebenen Zutaten wie auf S. 10/11 beschrieben einen Teig zubereiten und dünn ausrollen. Etwa 10 cm große Quadrate ausschneiden und in kochendem Salzwasser, dem 1 Eßlöffel Öl zugesetzt wurde, portionsweise bißfest kochen. Herausnehmen und nebeneinander auf ein Küchentuch legen.

Für die Füllung: Bauchspeck, Selleriestange und Karotte in kleine Würfel schneiden. Die Zwiebel hacken und die Knoblauchzehe zerdrücken. Den Bauchspeck in 2 Eßlöffel Olivenöl anbraten. Das Gemüse und das Hackfleisch zugeben und 5–6 Minuten unter öfterem Rühren anbraten. Tomatenmark zufügen. Mit Rotwein und Brühe ablöschen. Mit Salz, Pfeffer und Thymian würzen. Das Lorbeerblatt zugeben. Eine halbe Stunde köcheln lassen. Danach abkühlen lassen, das Lorbeerblatt herausnehmen und mit Paniermehl, Ei und gehackter Petersilie vermischen.

Für die Sauce: Die Butter in einem Topf zerlassen. Das Mehl hineinschütten und durchschmelzen lassen. Die heiße Milch zugießen und 8–10 Minuten unter Rühren köcheln

lassen. Mit Salz und Pfeffer abschmecken.

Die Füllung auf die Teigblätter legen, einrollen und nebeneinander mit der überlappenden Seite nach unten in eine eingefettete ofenfeste Form geben. Mit heißer Béchamelsauce bedecken und mit Parmesan bestreuen. In den auf 160°C vorgeheizten Ofen geben und 6–12 Minuten gratinieren.

Das Vollkornweizenmehl verleiht den Cannelloni einen kräftigen Geschmack, der gut zu der Fleischfüllung paßt.

GEFÜLLTE NUDELROLLE

Für den Teig:
200 g Weizenmehl
2 Eier
2 TL Öl
etwas Mehl zum Bestäuben

Für die Füllung:
350 g frischer Spinat oder
300 g tiefgekühlter
300 g Fisch ohne Gräten
Salz
frisch gemahlener
weißer Pfeffer
1 Messerspitze Muskat-
blüte
1 Schalotte
25 g Butter
1 Ei
50 g frisch geriebener
Parmesan

Pro Person etwa
400 kcal/1673 kJ
44 g E · 25 g F · 39 g Kh

Für die Krabbensauce:
60 g Nordseekrabben mit
Schalen und Kopf
80 g Butter
Salz
frisch gemahlener
weißer Pfeffer
1 Schalotte
25 g Butter
20 g Mehl
gut ¼ Liter Fischfond
knapp ¼ Liter süße Sahne
150 g küchenfertige
Nordseekrabben

Für den Teig: Mit den links angegebenen Zutaten einen Nudelteig wie auf S. 10/11 beschrieben
herstellen und 4–5 mm dick ausrollen. Ein Mulltuch mit etwas
Mehl bestäuben. Die Teigplatte
um das Nudelholz wickeln und
auf dem Mulltuch abrollen.
Für die Füllung: Den Spinat
waschen und tropfnaß in einen
Topf geben. So lange dämpfen, bis
er zusammengefallen ist. Tiefgekühlten Spinat auftauen lassen.
Den Spinat ausdrücken und mit
dem Fisch pürieren. Mit Salz,
Pfeffer und Muskatblüte würzen.
Schalotte sehr fein hacken und in
Butter andünsten. Die Fisch-
Spinat-Mischung dazugeben, kurz
durchdünsten lassen, dann zum
Abkühlen in eine Schüssel geben.
Danach das Ei und den Parmesan
unterrühren, nochmals gut
abschmecken.
Die Füllung auf die Teigplatte
streichen, mit Hilfe des Mull-
tuches aufrollen (etwa wie bei
einer Biskuitrolle). Das Mulltuch
um die Teigrolle wickeln und
zubinden. Den Fischkocher oder
einen entsprechend großen Topf
mit Dämpfeinsatz mit kochendem
Wasser füllen. Die Teigrolle auf
den Einsatz geben. Bei geringer
Temperatur 35–40 Minuten über
dem Dampf garen. Danach den

Einsatz herausheben, das Tuch
entfernen und die Rolle in Scheiben aufgeschnitten auf einer vorgewärmten Platte anrichten.
Dazu paßt eine Krabbensauce
ausgezeichnet.
Für die Krabbensauce: Garnelen
und Butter im Mixer verarbeiten,
salzen und pfeffern.
Die Schalotte hacken. Die Butter
erhitzen und Schalotte andünsten. Das Mehl hineinschütten
und unter Rühren anschwitzen
lassen. Diese Masse sollte zartgelb
bleiben. Unter ständigem Rühren
nach und nach Fischfond und
süße Sahne zugießen. 10 Minuten
bei geringer Hitze köcheln lassen.
Mit der Krabbenbutter aufschlagen und Krabben als Einlage in
die Sauce geben.

*D*ieses Nudelgericht, einmal
ganz anders als üblich, sorgt
für eine willkommene Abwechs-
lung. Nicht nur für den Gaumen,
auch für das Auge wird etwas
geboten.

Grünkern-Ravioli mit Steinpilzfüllung

Für den Teig:
100 g Grünkernmehl
100 g Vollkornweizenmehl
Salz
2 Eier
2 TL Olivenöl
etwa 1 EL Wasser
½ TL getrockneter
Majoran

Für die Füllung:
200 g Steinpilze
25 g Butter
½ TL Zitronensaft
Salz
frisch gemahlener
weißer Pfeffer
etwa 2–3 EL frisch
geriebenes Paniermehl
1 Eigelb
etwa 2 EL süße Sahne

Zum Anrichten:
40 g Butter
40 g Pinienkerne

Pro Person etwa
466 kcal/1950 kJ
12 g E · 25 g F · 45 g Kh

Für den Teig: Aus den links angegebenen Zutaten wie auf S. 10/11 beschrieben einen Nudelteig herstellen.

Für die Füllung: Steinpilze putzen, hacken und kurz in Butter andünsten. Zitronensaft, Salz und Pfeffer zugeben. Vom Herd nehmen. Paniermehl, Eigelb und Sahne zufügen.

Nach dem Ruhen den Teig 2 mm dünn ausrollen und im Abstand von etwa 4 cm jeweils etwas Füllung daraufgeben (siehe S. 16/17). Eine zweite Teigplatte darüberschlagen, die Ränder mit Wasser befeuchten, andrücken und ausradeln. Im siedenden Wasser etwa 6–7 Minuten bißfest garen. Mit einem Schaumlöffel herausnehmen, abtropfen lassen und auf vorgewärmten Tellern verteilen. Pinienkerne in Butter wenden und über die Ravioli geben.

Die grünliche Farbe hat dem noch kernigen unreifen Dinkel den Namen gegeben, der in manchen rauhen Gegenden schon vor der Reife geerntet werden muß. Der hohe Feuchtigkeitsgehalt setzt jedoch die Lagerfähigkeit herab. Durch Darren, das ist ein leichtes Rösten, wird er nicht nur haltbarer gemacht, sondern bekommt dadurch auch seinen aromatischen Geschmack, der diesen Ravioli die besondere Note verleiht.

NUDELTEIGTASCHEN MIT MUNGOBOHNENKEIMEN

Für den Teig:
120 g Hartweizengrieß
120 g Vollkornmehl
2 Eier
1 Eigelb
Salz

Für die Füllung:
1 Zwiebel
2 Knoblauchzehen
2–3 EL Sojaöl
200 g Mungobohnenkeime
etwa 9 EL indonesische
Sojasauce (Ketjap Manis)
1 Messerspitze Sambal
Manis
1 Eiweiß
2 EL Sesamöl
Zum Kochen: 1 EL Öl

Pro Person etwa
556 kcal/2326 kJ
21 g E · 15 g F · 73 g Kh

Für den Teig: Aus den links angegebenen Zutaten wie auf S. 10/11 beschrieben einen Nudelteig kneten und etwa 45–60 Minuten unter einer angewärmten Schüssel ruhen lassen.

Für die Füllung: Die Zwiebel hakken und die Knoblauchzehen zerdrücken. Das Öl erhitzen und die Zwiebel andünsten, Knoblauch und Mungobohnenkeime zugeben, etwa 4–5 Minuten unter Rühren garen. Mit 1 Eßlöffel Ketjap Manis und Sambal Manis abschmecken und erkalten lassen. Den Teig ausrollen und Kreise von etwa 8 cm Durchmesser schneiden. Etwas Füllung daraufgeben, die Ränder mit dem Eiweiß bestreichen und zu einem Halbkreis formen. Die Ränder

gut zusammendrücken. In kochendem Salzwasser, dem 1 Eßlöffel Öl zugefügt wurde, in etwa 5–7 Minuten sieden lassen. Mit dem Schaumlöffel herausnehmen und abtropfen lassen. Restliche Sojasauce und Sesamöl mischen und zu den Nudeltäschchen reichen.

Indonesiens Vegetation ist sehr üppig und bringt die verschiedensten Gewürze hervor. Entsprechend vielfältig sind auch die Speisen beschaffen. Dieses Rezept wird Vegetariern gefallen, aber auch Nichtvegetariern werden diese Täschchen ausgezeichnet schmecken.
Sambal Manis, eine Gewürzpaste aus Indonesien, enthält zerkleinerten spanischen Pfeffer und andere Gewürze. Sie ist sehr scharf. Daher ist sparsamer Gebrauch angeraten. Dagegen ist die indonesische Würzsauce Ketjap Manis mild-süß.

CHIAO-TZU

Für etwa 25 Teigtaschen

Für den Teig:
180–200 g Mehl
100 ml Wasser

Für die Füllung:
20 g getrocknete Shrimps
100 g Lauch
1 EL Reiswein
1 EL Maiskeimöl
1 EL Austernsauce
225 g Hackfleisch vom
Schwein
Salz
frisch gemahlener
schwarzer Pfeffer

Nach Belieben als Dip:
3 EL Sojasauce
1 EL Essig oder Chiliöl

Pro Person etwa
388 kcal/1623 kJ
20 g E · 15 g F · 39 g Kh

Tip:
*Von der Mahlzeit
übriggebliebene Chiao-tzu-
Teigtaschen können am
nächsten Tag, in heißem
Öl fritiert, ein weiteres
köstliches Gericht
ergeben.*

Für den Teig: Das Mehl in eine Schüssel sieben, das lauwarme Wasser unter ständigem Rühren hineingießen und zu einem glatten glänzenden Teig verkneten. Eine Porzellan- oder Keramikschüssel heiß ausspülen und den Teig eine halbe Stunde darunter ruhen lassen.
Für die Füllung: Die Shrimps mit 100 ml kochendem Wasser begießen. Den Lauch waschen, putzen und in dünne Ringe schneiden, mit Reiswein, Maiskeimöl und Austernsauce unter das Fleisch mischen. Die Shrimps fein hacken und mit 2 Eßlöffel Shrimpsbrühe ebenfalls zu dem Fleisch geben. Mit Salz und Pfeffer würzen.
Den Teig auf einer bemehlten Unterlage zu einer Rolle mit einem Durchmesser von etwa 2½ cm formen. Davon dünne Scheiben abschneiden und zu Fladen von etwa 8 cm Durchmesser ausrollen. 1½ Teelöffel Füllmasse daraufgeben und halbkreisförmig oder halbmondförmig umschlagen. Die Ränder gut zusammendrücken. Teigtaschen portionsweise in siedendes Wasser geben und in etwa 9–10 Minuten gar ziehen lassen. Mit Sojasauce oder Chiliöl als Dip servieren.
Die Füllungen lassen sich beliebig variieren, z. B. frische Shrimps mit Sojasprossen, Hähnchenbrustfilet und Frühlingszwiebeln oder Chinakohl, Geflügelleber, Frühlingszwiebeln gewürzt mit Pilz-Sojasauce. Oder Sie machen rein vegetarische Chiao-tzu mit Mungobohnensprossen, chinesischen Pilzen und Karotten, gewürzt mit Sojasauce.

Diese gefüllten Teigtaschen stellen eine Besonderheit der chinesischen Küche dar. In Shanghai werden sie mit den verschiedensten Füllungen angeboten. Sie sind eine sättigende Mahlzeit, zu der als Dip Sojasauce, Chiliöl oder chinesischer roter Essig gereicht wird.

KUNDJUMY

Für die Füllung:
20 g getrocknete Steinpilze
1 Zwiebel
½ Bund Petersilie
100 g feingeschroteter
Buchweizen
Salz
frisch gemahlener
weißer Pfeffer
3 EL Sonnenblumenöl
1 Ei

Für den Teig:
4 EL Sonnenblumenöl
Salz
250 g Mehl

Butter für die Form

Für die Brühe:
½ Liter Wasser
2 Lorbeerblätter
1–2 Wacholderbeeren
5 Pfefferkörner
2 Knoblauchzehen
Salz
½ Bund Petersilie

Als Garnitur:
300 g saure Sahne
½ Bund Schnittlauch

Pro Person etwa
668 kcal/2795 kJ
13 g E · 30 g F · 72 g Kh

Für die Füllung: Die Steinpilze in ¼ Liter warmem Wasser etwa 20 Minuten einweichen. Inzwischen die Zwiebel und die Petersilie hacken. 600 ml Wasser zum Kochen bringen, Buchweizenschrot hineinrühren. Bei geringer Hitze unter weiterem Rühren etwa 6 Minuten kochen lassen. Mit Salz und Pfeffer würzen, abkühlen lassen. Die Steinpilze aus dem Wasser nehmen und abtropfen lassen, Steinpilzbrühe aufheben und Pilze kleinhacken. Das Sonnenblumenöl erhitzen. Zwiebel hineingeben, andünsten, dann die Pilze zufügen und etwa 2 weitere Minuten dünsten. Petersilie zufügen. Buchweizenbrei, Pilze und Ei miteinander verrühren und auskühlen lassen.
Für den Teig: Das Öl in eine Schüssel geben. 100 ml Wasser zum Kochen bringen, salzen, in das Öl gießen, dann das Mehl hineinschütten und schnell zu einem Teig verarbeiten. Gut durchkneten und sofort dünn ausrollen. Teigquadrate von etwa 5–7 cm ausschneiden.
Jeweils 1 Teelöffel Füllung auf ein Teigquadrat setzen, die vier Ecken zur Mitte hin zusammennehmen und wie ein Beutelchen zusammenfassen. Eine große Auflaufform einfetten, die Kundjumy

nebeneinander hineinsetzen und etwa 12–15 Minuten in den auf 140 °C vorgeheizten Ofen geben.
Für die Brühe: Das Wasser mit der Pilzbrühe, den Lorbeerblättern, den Wacholderbeeren und den Pfefferkörnern sowie den zerdrückten Knoblauchzehen und Salz zum Kochen bringen. Gehackte Petersilie zufügen und über die Kundjumy gießen. Weitere 12–18 Minuten in dem Backofen belassen. Saure Sahne mit Schnittlauchröllchen verrühren und zum Schluß über die fertigen Kundjumy gießen. Sofort auftischen.

*D**ieses jahrhundertealte russische Gericht wird ausschließlich mit Pflanzenöl wie Sonnenblumen- oder Mohnöl und kochendem Wasser bereitet. Im Unterschied zu Maultaschen und Ravioli werden die Kundjumy nicht gekocht, sondern gebacken und danach gedämpft.*

WARENIKI

Für den Teig:
170 g Weizenmehl
80 g Buchweizenmehl
1 Ei
100 ml Wasser
Salz

Für die Füllung:
1 kleine Zwiebel
60 g durchwachsener
Bauchspeck
150–200 g Sauerkraut
4–5 Pfefferkörner
3 Wacholderbeeren
1 Lorbeerblatt

Zum Kochen: 1 EL Öl
Nach Belieben: Zwiebeln,
Butter oder saure Sahne

Pro Person etwa
186 kcal/778 kJ
8 g E · 10 g F · 34 g Kh

WARENIKI MIT QUARK
Als Füllung:
300 g trockener Quark
1 Ei
25 g Zucker

Tip:
Sehr gern werden Wareniki auch mit Obst, besonders mit Kirschen, Äpfeln oder Pflaumen gefüllt. Dann wird der Teig etwas dicker ausgerollt. Beliebt sind auch Füllungen aus Bohnen, Pilzen oder Mohn.

Für den Teig: Aus den beiden Mehlsorten, Ei, sehr kaltem Wasser und Salz einen Teig kneten (siehe S. 10/11). Mit einem Tuch abgedeckt etwa eine halbe Stunde stehen lassen.
Für die Füllung: Die Zwiebel hacken und den Speck würfeln. Beides in einem Topf anbraten. Das Sauerkraut dazugeben und je nach Bedarf sehr wenig Wasser zufügen, da die Flüssigkeit nach dem Garwerden des Sauerkrauts verkocht sein sollte.
Pfefferkörner, Wacholderbeeren und Lorbeerblatt zufügen und 15–20 Minuten köcheln lassen. Vor dem Füllen abkühlen lassen. Den Teig etwa 1½–2 mm dick ausrollen und in 5–6 cm große Quadrate schneiden oder mit einem Glas Kreise ausstechen. Mit einem Teelöffel etwas Füllung auf die Teigstücke geben. Die Ränder mit Wasser bestreichen. Zum Halbkreis oder Dreieck übereinanderschlagen. Auf einer bemehlten Unterlage mit einem bemehlten Tuch abgedeckt etwas stehen lassen. In reichlich Salzwasser, dem 1 Eßlöffel Öl zugefügt wurde, etwa 8 Minuten gar ziehen lassen. Mit dem Schaumlöffel herausnehmen. Am besten in 2–3 Arbeitsgängen, also immer nur etwa 5–6 Wareniki

in das Wasser geben. Auf einer vorgewärmten Platte anrichten. Gern röstet man auch Zwiebeln in Butter an und gibt sie anschließend vor dem Servieren auf die Wareniki, oder man träufelt nur zerlassene Butter oder saure Sahne darüber.

A ls ursprünglich typisch ukrainisches Gericht sind die Wareniki heute in ganz Rußland heimisch geworden. So einfach wie ihre Zubereitung ist ihr herzhafter Geschmack, der durch die Verwendung von Buchweizenmehl bedingt ist. Für Wareniki gibt es eine Vielzahl von verschiedenen Füllungen. Mit Obst beispielsweise werden sie zu einem süßen Hauptgericht.

MANTY

Für den Teig:
300 g Mehl
1 Ei
Salz
etwa ⅛ Liter Wasser

Für die Füllung:
1 Zwiebel
1 Bund Koriander
(die Hälfte als Garnitur
zurückbehalten)
300 g Hammelfleisch
3 – 4 EL Wasser
Salz
frisch gemahlener
schwarzer Pfeffer
1 TL Kümmel
Butter oder Öl zum
Einfetten

200 g saure Sahne
100 g Joghurt

Pro Person etwa
590 kcal/2469 kJ
23 g E · 25 g F · 60 g Kh

Für den Teig: Aus den links angegebenen Zutaten wie auf S. 10/11 beschrieben einen Teig herstellen. Gut durchkneten, mit einer warmen Keramik- oder Porzellanschüssel bedeckt etwa 40 Minuten stehen lassen.
Für die Füllung: Zwischenzeitlich die Zwiebel hacken, Korianderblättchen von den Stielen zupfen. Das Fleisch durch den Wolf drehen. Diese Zutaten mit dem Wasser vermischen. Mit Salz, Pfeffer und Kümmel würzen.
Den Teig 1–2 mm dick ausrollen. In Quadrate von etwa 8–10 cm teilen. Auf die untere Hälfte der Quadrate jeweils 1–1½ TL Fleischmasse geben, die Ränder mit Wasser befeuchten, umklappen, so daß Rechtecke entstehen oder zwei gegenüberliegende Ecken übereinanderlegen und Dreiecke formen, Ränder zusammendrücken. Mit einem Tuch bedecken.
Den Einsatz des Dampftopfes gut einfetten. Manty darauflegen. Die Manty sollten nicht aufeinandergelegt werden, deshalb sollte der Garvorgang nochmals wiederholt werden. In den unteren Teil kochendheißes Wasser füllen oder Wasser im Topf zum Kochen bringen. Die Manty mit etwas kaltem Wasser besprengen und

abgedeckt etwa 35 Minuten bei niedriger bis mittlerer Temperatur über dem köchelnden Wasser im Dampf garen lassen.
Saure Sahne und Joghurt mit Salz und Pfeffer abschmecken und über die fertigen Manty gießen. Mit Korianderblättchen garniert servieren.

Für die Küche der Usbeken im Zwischenstromland des Amudarja und Syrdarja ist die Kombination von Gerichten aus Fleisch und Nudelteig charakteristisch. Manty sind recht große Teigtaschen, die sich über ganz Mittelasien hinaus verbreitet haben. Die Garmethode unterscheidet sich von denen der anderen Völker: Manty werden in speziellen Kesseln gedämpft.

KREPLACH

Für den Teig:
300 g Mehl
2 Eier
Salz
etwa 100 ml Wasser

Für die Füllung:
1–2 Eier
1 Zwiebel
½ Bund Petersilie
40 g Hühnerfett
300 g Hühnerleber
Salz
Pfeffer

nach Belieben:
Öl, Zwiebel
1 Liter Hühnerbrühe

Pro Person etwa
493 kcal/2063 kJ
29 g E · 12 g F · 57 g Kh

Tip:
*Eine Variante mit
milchiger Füllung:
Kleingehackte Zwiebel in
Butter andünsten, etwa
250 g festes Kartoffel-
püree, 1–2 Eßlöffel Quark,
1 Eßlöffel saure Sahne mit
einem Ei vermischen und
mit Salz und Pfeffer
abschmecken.*

Für den Teig: Aus den links angegebenen Zutaten einen Nudelteig wie auf S. 10/11 beschrieben zubereiten. Etwa 30–40 Minuten ruhen lassen. Für die Füllung: Die Eier hart kochen, abschrecken und pellen. Zwiebel und Petersilie hacken. Das Hühnerfett erhitzen und die Zwiebel andünsten, Hühnerleber dazugeben, etwa 6–7 Minuten unter häufigem Rühren braten. Herausnehmen und ganz fein hakken oder durch den Fleischwolf drehen. Eigelb hacken und mit der Hühnerleber und der Petersilie, Salz und Pfeffer vermischen. Abkühlen lassen.
Den Nudelteig ausrollen und Quadrate von etwa 5–8 cm ausschneiden. Quadrate mit der Füllmasse belegen, die Ränder anfeuchten, zu einem Dreieck zusammenklappen und gut andrücken. In kochendem Salzwasser in etwa 8–10 Minuten gar ziehen lassen. Mit einem Schaumlöffel herausnehmen und nach Belieben mit in Öl gedünsteten Zwiebelwürfeln servieren. Oder in 1 Liter Hühnerbrühe gar ziehen lassen. Dann serviert man sie auch in dieser Brühe.

Ein Gericht, das dem jüdisch-orientalischen Kulturkreis entstammt. Strenggläubige Juden müssen sich bei der Zubereitung an eine ganze Anzahl von Vorschriften halten, ohne deren Beachtung es nicht mehr koscher wäre.

PIZZOCCHERI

Für 6 Personen

Für die Pizzoccheri:
160 g Buchweizenmehl
180 g Weizenmehl
2 Eier
Salz
etwa 200 ml Milch
oder 400 g vorgefertigte
Pizzoccheri

600 g Wirsingkohl oder
auch Spitzkohl, Mangold
oder Spinat
4 Kartoffeln
2–3 Bund Salbei
5–6 Knoblauchzehen
Salz
frisch gemahlener
schwarzer Pfeffer
400–500 g Fontinakäse
Butter für die Form
80–100 g frisch
geriebener
Parmesan
150 g Butter

Pro Person etwa
710 kcal/2970 kJ
25 g E · 48 g F · 90 g Kh

Für die Pizzoccheri aus den links angegebenen Zutaten nach der Beschreibung S. 10/11 Bandnudeln herstellen.
Den Kohl putzen, feinstreifig schneiden. Die Kartoffeln schälen und in kleine Stücke schneiden. Salbeiblättchen hacken, den Knoblauch zerdrücken. 4½ Liter Wasser zum Kochen bringen, Salz, Kohl und Kartoffeln hineingeben, 5–6 Minuten kochen. Die Bandnudeln zufügen und weitere 10–12 Minuten kochen lassen. Dann das Wasser abgießen, alles salzen, pfeffern und lagenweise mit dem in Scheiben geschnittenen Fontinakäse in eine gefettete Auflaufform geben. Parmesan darüberstreuen. Die Butter in einer Pfanne erhitzen. Salbei und Knoblauch hineingeben, kurz durchdünsten, Salz und Pfeffer zufügen und über das Gericht geben. Für 7–12 Minuten in den auf 250 °C vorgeheizten Backofen stellen.

Von St. Moritz über den Berninapaß gen Süden erreicht man die Gebirgsregion Veltlin. Dort wird in alten Gasthäusern als Spezialität eine nahrhafte, geschmackvolle, fleischlose Mahlzeit angeboten, die alles enthalten kann, was die karge Berglandschaft hervorzubringen vermag. In Pizzoccheri vereinigen sich Nudeln aus Buchweizen – dem Sarazenenkorn –, Butter, Käse, Knoblauch und Wirsinggemüse. Dazu wird einer der berühmten Veltiner wie etwa Grumello, Inferno, Valgello oder Sassella gereicht.

VINCISGRASSI

Für 6 Personen

200 g Kalbshirn
20 g getrocknete Steinpilze
2 reife Tomaten
1 große Zwiebel
2 Karotten
1 Stück Sellerieknolle
100 g Schinkenspeck
200 g Puten- oder
Hähnchenleber
4 EL Olivenöl, 1 EL Butter
500 g Lamm- oder
Rinderhack
2–3 EL Tomatenmark
¼ Liter trockener
Weißwein
Salz, weißer Pfeffer
2 Messerspitzen Piment
2 Messerspitzen Zimt
½ TL abgeriebene unbe-
handelte Zitronenschale
1 Lorbeerblatt
⅛ Liter Brühe
4–5 EL Marsala
⅛ Liter süße Sahne

Für die Béchamelsauce:
45 g Butter, 40 g Mehl
¾ Liter Milch, Salz
weißer Pfeffer
Macis oder Muskatnuß
Butter für die Form

250 g Lasagne-Teigblätter
60 g geriebener
Parmesankäse
30 g Butter nach Belieben

Pro Person etwa
1080 kcal/4518 kJ
38 g E · 50 g F · 51 g Kh

Kalbshirn ½ Stunde wässern, dann blanchieren, abschrecken und die Haut abziehen, Blutgerinnsel und größere Adern entfernen. Die Steinpilze mit ⅛ Liter heißem Wasser übergießen, kurz aufkochen lassen, vom Herd nehmen und 20 Minuten stehen lassen. Die Tomaten überbrühen, häuten und hacken. Die Zwiebel hacken, Karotten und Sellerie putzen, in kleine Würfel schneiden. Schinkenspeck und Geflügelleber würfeln. 1 Eßlöffel Öl erhitzen, Butter und Schinkenwürfel zufügen und etwas auslassen. Zwiebel, Karotten und Sellerie hineingeben und einige Minuten andünsten. In einer gesonderten Pfanne das restliche Öl erhitzen und das Hackfleisch gut anbraten, bis es Farbe annimmt. Tomatenmark zugeben, mit Wein und der Pilzbrühe ablöschen. Mit Salz, Pfeffer, Piment, Zimt und Zitronenschale würzen. Das Lorbeerblatt zugeben und 20 Minuten köcheln lassen. ⅛ Liter Fleisch- oder Gemüsebrühe nachgießen. Pilze und Kalbshirn kleinschneiden und mit der Geflügelleber zu dem Fleisch geben. Den Marsala und die Sahne zufügen, abschmecken und noch ungefähr 8–10 Minuten bei geringer Hitze leise köcheln lassen.

Für die Béchamelsauce: Die Butter erhitzen, das Mehl hineinschütten und unter Rühren durchschwitzen lassen, bis es gelb wird. Unter ständigem Rühren die Milch zugießen. Mit Salz, Pfeffer und Macis würzen. 8 Minuten bei geringer Hitze köcheln lassen. Eine große Auflaufform gut ausfetten, etwas von der Béchamelsauce hineingeben, Lasagneteigblätter darüberlegen, dann eine Fleischschicht darüberstreichen. Wieder Béchamelsauce, Teigblätter, Fleisch und mit Béchamelsauce abschließen. Mit frisch geriebenem Parmesankäse bestreuen, mit Butterflöckchen belegen und in den auf 200 °C vorgeheizten Backofen für etwa 30–35 Minuten stellen.

*D*ieser gehaltvolle Lasagneauflauf stammt aus der Region Marken und ist über seine Grenzen hinaus berühmt geworden.

NUDELGRATINS

AUBERGINEN-NUDEL-GRATIN
Für den Teig:
200 g Mehl, 2 Eier
Salz, 2 TL Olivenöl
Für das Gemüse:
2 Auberginen
(etwa 600–700 g)
Salz, schwarzer Pfeffer
½ TL Koriander
½ TL Kreuzkümmel
2–3 Eier
3 EL Pinienkerne
Butter für die Form
2 EL Paniermehl
50 g Butter als Flöckchen

Pro Person etwa
520 kcal/2175 kJ
15 g E · 27 g F · 47 g Kh

**NUDELGRATIN
MIT LAUCH**
250–300 g Nudeln
(Farfalle)
2 Stangen Lauch
250 g Champignons
150 g Schinkenspeck
40 g Butter in Flöckchen
2½ EL Tomatenmark
250 ml süße Sahne
1 Bund glatte Petersilie
Salz, weißer Pfeffer
50 g frisch geriebener
Parmesan
30 g Butter in Flöckchen

Pro Person etwa
960 kcal/4016 kJ
21 g E · 61 g F · 62 g Kh

AUBERGINEN-NUDELGRATIN
(oben)
Für den Teig: Aus den links angegebenen Zutaten nach der Beschreibung auf S. 10/11 Bandnudeln herstellen. In Salzwasser etwa 5 Minuten bißfest kochen und abschrecken.
Für das Gemüse: Die Auberginen in Scheiben schneiden und 10 Minuten im Wasserdampf garen oder in kochendem Salzwasser. Herausnehmen, pürieren, mit Salz, frisch gemahlenem Pfeffer, Koriander und Kreuzkümmel würzen. Die Eier trennen, Eigelbe zu dem Gemüse geben, Eiweiß steif schlagen und mit der Hälfte der Pinienkerne unterziehen. Eine Auflaufform einfetten, Nudeln und Gemüse vermischen, in die Form geben. Mit den restlichen Pinienkernen und Paniermehl bestreuen. Mit Butterflöckchen belegen und in den auf 220°C vorgeheizten Ofen geben. 10–15 Minuten überbacken.

*A*uberginen, ein ursprünglich aus Indien stammendes Nachtschattengewächs, erfreut sich in Europa zunehmender Beliebtheit.

NUDELGRATIN MIT LAUCH
(unten)
Die Nudeln in etwa 10 Minuten bißfest kochen, abschrecken und abtropfen lassen. Lauch und Champignons putzen und in schmale Ringe beziehungsweise Scheiben und den Schinkenspeck in Streifen schneiden. 40 g Butter erhitzen und das Gemüse einige Minuten darin andünsten. Tomatenmark und Schinkenspeck zufügen und mit Sahne ablöschen. Etwa 2 Minuten köcheln lassen. Die gehackte Petersilie dazugeben, mit Salz und frisch gemahlenem Pfeffer würzen. Die Nudeln in eine gefettete Auflaufform füllen. Das Gemüse daraufschichten. Mit Parmesan bestreuen und mit Butterflöckchen belegen. Im vorgeheizten Ofen bei 200–210°C etwa 20–25 Minuten backen.

GNOCCHI-SPINAT-SOUFFLÉ
SPAGHETTI-AUFLAUF

GNOCCHI-SPINAT-SOUFFLÉ
300 g Gnocchi
500 g frischer Spinat oder
300 g Tiefkühlspinat
50 g Butter
20 g Mehl
knapp ½ Liter Milch
Salz
frisch gemahlener
weißer Pfeffer
abgeriebene Muskatnuß
2 Eier
5 EL frisch geriebener
Parmesan
Butter für die Form

Pro Person etwa
628 kcal/2627 kJ
25 g E · 27 g F · 66 g Kh

SPAGHETTI-AUFLAUF
400 g Spaghetti
35 g Butter
20 g Mehl
2 EL Sardellenpaste
¼ Liter Milch
¼ Liter süße Sahne
120 g Fontina
Salz
frisch gemahlener
schwarzer Pfeffer
2 Eigelbe

Pro Person etwa
875 kcal/3660 kJ
25 g E · 40 g F · 82 g Kh

GNOCCHI-SPINAT-SOUFFLÉ (oben)
Gnocchi in Salzwasser in etwa
10 Minuten bißfest kochen. Während dessen Spinat putzen und
waschen. Im eigenen Saft unter
Hinzugabe von 20 g Butter einige
Minuten dünsten, dann fein hakken oder den Tiefkühlspinat laut
Packungsinhalt garen. Die restlichen 30 g Butter erhitzen, das
Mehl hineinschütten und goldgelb unter Rühren durchschwitzen. Die Milch erhitzen und unter
fortwährendem Rühren zugießen.
Mit Salz, Pfeffer und Muskat
würzen. Einige Minuten köcheln
lassen, dann vom Herd nehmen.
Die Eier trennen, Eigelbe zu der
Sauce geben, ebenfalls 3 Eßlöffel
geriebenen Parmesan. Eiweiß
steif schlagen und mit dem Spinat
unter die Sauce ziehen. Eine
feuerfeste Form einfetten.
Gnocchi hineingeben. Spinatsauce darüberstreichen. Mit dem
restlichen Parmesan bestreuen
und im vorgeheizten Backofen bei
200°C etwa 15–20 Minuten
backen.

SPAGHETTI-AUFLAUF (unten)
Die Spaghetti in reichlich Salzwasser in etwa 8–10 Minuten
bißfest kochen, abschrecken und
abtropfen lassen. Die Butter erhitzen und das Mehl hineinschütten,
gut durchdünsten, ohne daß es
viel Farbe annimmt. Sardellenpaste zugeben und nach und nach
unter ständigem Rühren mit
Milch und Sahne ablöschen.
6 Minuten bei niedriger Temperatur köcheln lassen. Dann den
Käse in kleinen Stückchen zufügen und rühren, bis er geschmolzen ist. Mit Salz und Pfeffer
abschmecken und vom Herd nehmen. Etwas von der Sauce mit
den Eigelben verrühren und in
die Sauce zurückgeben. Spaghetti
daruntermischen und in den auf
200°C vorgeheizten Backofen für
etwa 15–25 Minuten stellen.
Mit einem kühlen Rosé ist der
Auflauf-Genuß vollkommen.

KÜRBIS-NUDEL-AUFLÄUFE

KÜRBISAUFLAUF
700 g Kürbis
1 Stange Lauch, 1 Zwiebel
1–2 Knoblauchzehen
100 g Butter
Salz
frisch gemahlener
weißer Pfeffer
Macis (ersatzweise
Muskat)
250 g Nudeln (Fusilli)
30 g Vollkornmehl
¼ Liter Milch
¼ Liter Gemüsebrühe
125 g geriebener
mittelalter Gouda
3 Eier

Pro Person etwa
865 kcal/3619 kJ
27 g E · 47 g F · 67 g Kh

KÜRBIS-SPINATNUDEL-
AUFLAUF
200 g breite Spinat-
Bandnudeln
1 Zwiebel
600 g Kürbis
125 g geräucherter
gekochter Schinken
2 Bund Schnittlauch
300 g Quark, 3 Eier
Kräutersalz
frisch gemahlener
weißer Pfeffer
40 g Butter, Salz
Butter für die Form

Pro Person etwa
621 kcal/2598 kJ
30 g E · 26 g F · 50 g Kh

KÜRBISAUFLAUF (oben)

Den Kürbis schälen, die Kerne
mit einem Löffel herausschaben.
Kürbisfleisch in Stücke und die
Lauchstange in Scheiben schneiden, Zwiebel hacken, Knoblauchzehen zerdrücken. 25 g Butter
erhitzen. Zwiebel darin andünsten, Lauch, Knoblauch und
Kürbisstücke zugeben. Salzen,
pfeffern, Macis zufügen und die
Kürbisstücke in etwa 10–15
Minuten unter häufigem Rühren
dünsten.
Die Nudeln in Salzwasser bißfest
kochen. Abgießen. 40 g Butter
erhitzen. Mehl hineinschütten
und unter ständigem Rühren nach
und nach die Milch und die
Gemüsebrühe zugeben, salzen
und pfeffern. Etwa 5–6 Minuten
köcheln, dann etwas abkühlen
lassen. Den geriebenen Käse und
die Eier unterrühren. Die Kürbisstücke in eine gefettete Auflaufform geben und mit der Käsesauce abdecken. Die restliche
Butter in Flöckchen darauf verteilen. Bei 190–210°C etwa
25–30 Minuten in den Backofen
stellen.

*Wegen seines geringen
Eigengeschmacks eignet
sich Kürbisfleisch für viele Gerichte.*

KÜRBIS-SPINATNUDEL-
AUFLAUF (unten)

Die Bandnudeln bißfest kochen,
abgießen. Die Zwiebel hacken,
Kürbis würfeln, Schinken in Streifen und Schnittlauch in Röllchen
schneiden. Quark mit Eiern gut
verrühren. Mit Kräutersalz und
Pfeffer würzen, den Schnittlauch
zufügen.
Die Butter erhitzen und die
Zwiebeln darin andünsten.
Kürbisstücke zugeben, salzen,
pfeffern und unter Rühren etwa
10–12 Minuten bißfest (je nach
Größe) dünsten. Eine Auflaufform
einfetten. Nudeln, Kürbisstücke
und Schinken mischen,
abschmecken, in die Form geben
und mit der Quarkmasse abdecken. Bei 220°C etwa 18–25
Minuten im vorgeheizten Ofen
backen.

*Kürbiskerne enthalten viel Öl.
Getrocknet oder geröstet
kann man sie wie Nüsse oder
Mandeln, gehackt oder feingerie-
ben, verwenden. Sie sind gesund
und sollten daher nicht achtlos
weggeworfen werden.*

OKRA-AUFLAUF

350 g Okras
Salz
1–2 EL Essig
250 g Vollkornnudeln
(Fusilli oder eine andere
Nudelform)
2 Zwiebeln
2 Knoblauchzehen
3–4 EL Olivenöl
1 große Dose geschälte
Tomaten
(oder 500 g frische
Tomaten)
frisch gemahlener
schwarzer Pfeffer
½ TL Kreuzkümmel
2 Messerspitzen Koriander
⅛–¼ Liter Gemüsebrühe
3 EL Crème fraîche
Butter für die Form
150 g Mozzarella

Pro Person etwa
668 kcal/2795 kJ
23 g E · 34 g F · 60 g Kh

Okras waschen, die Stiele abschneiden, dabei auf keinen Fall die Frucht verletzen. Knapp ¼ Liter Wasser mit Salz und Essig zum Kochen bringen und die Okras für etwa 8–12 Minuten köcheln lassen. Sie sollten noch Biß haben.
Die Vollkornnudeln in gesalzenem Wasser in etwa 8–10 Minuten bißfest kochen, dann abschrecken und abtropfen lassen. Die Zwiebeln hacken und die Knoblauchzehen zerdrücken. Das Öl erhitzen, Zwiebeln darin andünsten, dann den Knoblauch und die kleingeschnittenen Tomaten zugeben. Nach und nach den Saft der Tomaten zufügen. Mit Salz, Pfeffer, Kreuzkümmel und Koriander würzen. 10–15 Minuten köcheln lassen. Bei frischen Tomaten etwas Gemüsebrühe oder Wasser zugießen. Crème fraîche unterrühren. In eine gefettete Auflaufform zuerst die Nudeln, darauf die Okra legen, dann den in Scheiben geschnittenen Mozzarella und zum Schluß die gut abgeschmeckte Tomatensauce. Den Auflauf für 15–20 Minuten in den auf 190–200 °C vorgeheizten Ofen schieben.

Die vitaminreiche Okraschote ist die Frucht einer aus den Tropen stammenden Eibischart. In den Südstaaten der USA wird sie für Suppen, im Mittleren Osten häufig für Lammgerichte verwendet.

KRABBEN-AUFLAUF
NUDEL-PILZ-AUFLAUF

KRABBEN-AUFLAUF
250 g schmale Bandnudeln
(Taglierini)
1½ Zucchini
2 Frühlingszwiebeln
½ Bund Estragon
1 Bund Kerbel
30 g Butter
3 Eier
⅛ Liter süße Sahne
3 EL Crème fraîche, Salz
frisch gemahlener
weißer Pfeffer
250 g vorbereitete
Krabben
Butter für die Form

Pro Person etwa
586 kcal/2452 kJ
27 g E · 23 g F · 50 g Kh

NUDEL-PILZ-AUFLAUF
300 g Vollkornnudeln
1 große Zwiebel
500 g Champignons
2–3 Zweige Liebstöckel
1 Bund Petersilie
40 g Butter, Salz
frisch gemahlener
weißer Pfeffer
Butter für die Form
3 Eier
¼ Liter süße Sahne
⅛ Liter Crème fraîche

Pro Person etwa
817 kcal/3418 kJ
22 g E · 47 g F · 62 g Kh

KRABBEN-AUFLAUF (oben)
Die Nudeln in Salzwasser in
8–10 Minuten bißfest kochen,
kalt abschrecken und abtropfen
lassen. Zucchini in kleine Stücke
und die Frühlingszwiebeln in Ringe schneiden. Estragon und Kerbel hacken. Die Butter erhitzen.
Zwiebel und Zucchini 4–5 Minuten darin andünsten. Eier, Sahne
und Crème fraîche verrühren,
salzen und pfeffern. Nudeln,
Krabben, Gemüse, Kräuter und
Eiersahne vermischen, nochmals
abschmecken und in eine gefettete Auflaufform füllen. Bei
200–220°C für etwa 20–25 Minuten in den vorgeheizten Backofen geben.
Mit einem kühlen Rosé servieren.

NUDEL-PILZ-AUFLAUF (unten)
Vollkornnudeln in Salzwasser in
etwa 8–10 Minuten bißfest
kochen, mit kaltem Wasser
abschrecken und abtropfen
lassen. Die Zwiebel hacken,
Champignons putzen und in
Scheiben schneiden. Die Blättchen von Liebstöckel und Petersilie von den Stielen zupfen und
fein wiegen. Die Butter erhitzen.
Zwiebel darin andünsten, Champignons und Liebstöckelblättchen
zugeben und einige Minuten weiterdünsten. Mit Salz und Pfeffer
würzen. Vom Herd nehmen.
Nudeln zufügen, verrühren und
in eine gefettete Auflaufform
geben. Eier, Sahne und Crème
fraîche verrühren, salzen, pfeffern, Petersilie zufügen und über
die Masse verteilen. Im vorgeheizten Ofen bei 200–220°C
etwa 20–25 Minuten backen.

FISCHAUFLAUF MIT NUDELN UND MANGOLD

ben, darauf den zerpflückten Fisch, dann Mangold und mit der Sauce abdecken. Mit Mandelblättchen bestreuen und mit Butterflöckchen belegen. In den auf 180°C vorgeheizten Ofen für etwa 9–15 Minuten stellen.

Conchiglie rigate sind für dieses Gericht genau die geeigneten Nudeln, weil sie durch die gerillte und damit vergrößerte Oberfläche recht viel von der köstlichen Sauce aufnehmen können. Ein Gaumenschmaus!

300 g Mangold
300 g Muschelnudeln
(z. B. Conchiglie rigate)
⅛ Liter Milch
30 g Butter für die Sauce
20 g Mehl
⅛ Liter süße Sahne
Salz
frisch gemahlener weißer Pfeffer
abgeriebene Muskatnuß
2 Eier
4 EL Pecorino sardo
15 g Butter für die Form
300 g gedünstetes oder gedämpftes Fischfilet
20–25 g Mandelblättchen
20 g Butterflöckchen

Pro Person etwa
755 kcal/3160 kJ
33 g E · 35 g F · 63 g Kh

Mangold vorbereiten. Die Blätter 2–3 Minuten in kochendem Salzwasser blanchieren, abtropfen lassen und hacken beziehungsweise in Streifen schneiden. Die Nudeln bißfest kochen. Die Milch erhitzen. Die Butter erhitzen, das Mehl hineinschütten, kurz durchschwitzen lassen und die heiße Milch unter fortwährendem Rühren dazugeben, anschließend die Sahne. Einige Minuten köcheln lassen. Mit Salz, Pfeffer und Muskat würzen und vom Herd nehmen. Die Eier trennen. Eigelbe zuerst mit wenig Sauce verrühren, dann gründlich in die Sauce rühren. Eiweiß steif schlagen und mit dem geriebenen Käse unterheben. Eine Auflaufform ausfetten. Die Nudeln hineinge-

MEERESFRÜCHTE-LASAGNE

Für 6–8 Personen

200 g grüne
Lasagneteigblätter
(selbsthergestellt oder als
Fertigprodukt)
1 kg Venusmuscheln
1 Zwiebel
1 Bund glatte Petersilie
1 Karotte
½ Stange Lauch
2 EL Öl, 1 Lorbeerblatt
1 Zweig Thymian
⅛ Liter trockener
Weißwein
500 g Fenchel
160 g Champignons
½ Zitrone, 2 Schalotten
600 g Seehechtfilet, Salz
frisch gemahlener
weißer Pfeffer
20 g Butter
¼ Liter Gemüsebrühe
etwa ½ Liter Milch

Für die Béchamelsauce:
80 g Butter, 60 g Mehl
¼ Liter süße Sahne
Salz, frisch gemahlener
weißer Pfeffer

Butter für die Form
200 g vorbereitete
Garnelen
1 Bund Dill
40 g geriebener Käse
(junger Gouda)
40 g Butter in Flöckchen

Pro Person etwa
723 kcal/3025 kJ
52 g E · 35 g F · 40 g Kh

Lasagneblätter selbst herstellen (siehe S. 16/17) und entsprechend der Größe der Form Teigblätter zuschneiden. Kurz in kochendem Salzwasser garen, abschrecken und auf ein feuchtes Tuch legen. Fertigprodukte sind meist schon vorgekocht.
Muscheln in kaltem Wasser mehrmals waschen, in ein Sieb geben und ablaufen lassen. Zwiebel und Petersilie hacken, Karotte schaben und würfeln, Lauch putzen und in dünne Ringe schneiden. Öl erhitzen. Die Gemüse 2 Minuten unter Rühren andünsten.
Muscheln, Lorbeerblatt und Thymian zugeben, einmal durchschwenken. Mit jeweils ⅛ Liter Wasser und Wein ablöschen. Abgedeckt etwa 15 Minuten dämpfen. Es sollen sich alle Muscheln geöffnet haben, noch geschlossene wegwerfen. Das Fleisch aus den Schalen lösen und beiseite stellen. Den Sud durch ein Mulltuch gießen. Fenchel raspeln oder sehr fein schneiden. Pilze putzen und in Scheiben schneiden, mit 1 Teelöffel Zitronensaft beträufeln. Schalotten hacken. Seehechtfilet in mundgerechte Stücke schneiden, mit dem restlichen Zitronensaft beträufeln, salzen. Etwa 5 Minuten in der Muschelbrühe bei geringer Hitze

garen, herausnehmen und Brühe etwas einkochen lassen. Den Fisch wieder hineinlegen. 20 g Butter erhitzen, Schalotten andünsten, Champignons zugeben, salzen, pfeffern und 3 Minuten unter öfterem Rühren garen. Fenchel in der Gemüsebrühe etwa 5 Minuten bei geringer Hitze kochen lassen. Fenchelbrühe abgießen und mit Milch auf 650 ml aufgießen. Für die Béchamelsauce: Butter erhitzen. Mehl hineinschütten, kurz durchschwitzen lassen und unter Rühren die heiße Flüssigkeit (Milch und Fenchelbrühe) sowie Sahne zugießen, salzen, pfeffern und 5–6 Minuten unter Rühren köcheln lassen.
Eine große feuerfeste Form einfetten, mit einem Spiegel Béchamelsauce begießen. Darauf Lasagneblätter legen. Diese sollten sich nicht überlappen. Dann gedünsteten Fenchel, Seehechtfilet, Muscheln und Garnelen. Mit gehacktem Dill bestreuen. Weiterschichten, die letzte Schicht sollte Béchamelsauce sein.
Mit Käse bestreuen und Butterflöckchen belegen. Im vorgeheizten Backofen bei 180 °C 30–35 Minuten backen.
Dazu schmeckt grüner oder gemischter Salat und ein trockener Weißwein.

LACHS-LASAGNE

250 g Brokkoli
Salz
frisch gemahlener
weißer Pfeffer
1 Messerspitze abgerie-
bene Muskatnuß
2 Frühlingszwiebeln
½–1 Bund Estragon
600 g Lachsfilet

Für die Béchamelsauce:
80 g Butter
50 g Vollkornmehl
¾ Liter Milch
⅛ Liter trockener
Weißwein
6 EL süße Sahne

Butter für die Form
150 g Lasagneblätter
selbsthergestellt oder
gekauft (12–15 Stück je
nach Größe)
80 g geriebener mittelalter
Gouda

Pro Person etwa
814 kcal/3405 kJ
47 g E · 40 g F · 51 g Kh

Tip:
Das in den Sommer-
monaten besonders zarte
Fleisch der Lachsforelle
könnte als Ersatz für den
echten Lachs genommen
werden. Es ist entschieden
preiswerter.

Brokkoli waschen, putzen und in
Röschen teilen. In wenig kochen-
dem Salzwasser etwa 12–15
Minuten bißfest garen. Mit Salz,
Pfeffer und Muskat abschmecken.
Die Frühlingszwiebeln waschen,
putzen und in Ringe schneiden.
Estragon von den Stielen zupfen.
Das Lachsfilet in große Würfel
teilen.
Für die Béchamelsauce: 50 g
Butter erhitzen. Das Vollkornmehl hineinschütten und kurz
durchschwitzen lassen. Unter
ständigem Rühren mit einem
Schneebesen die Milch nach und
nach zugießen, salzen, pfeffern
und 6–8 Minuten köcheln lassen.
Die restliche Butter in einer
Pfanne erhitzen. Frühlingszwiebeln hineingeben, 2 Minuten
dünsten, Lachsstücke zugeben,
wiederum 2 Minuten durch-
schwenken. Salzen, pfeffern,
Estragon zugeben und mit Weißwein und Sahne ablöschen.
Eine Auflaufform ausbuttern.
Zuerst eine Schicht Béchamelsauce in die Form geben, dann
Lasagneblätter (meist sind die
käuflichen Lasagneblätter zur
direkten Verarbeitung bestimmt,
müssen also nicht mehr vorgekocht werden) und diese mit
Lachsfilet, Brokkoli und Sauce
abdecken. Zum Schluß eine

Schicht Lasagneblätter mit Béchamelsauce abdecken. Mit Käse
bestreuen und bei 180 °C etwa
30–35 Minuten im Ofen backen.

*U*nbestreitbar zählt das zarte
rosafarbene Fleisch des
Lachses zum besten, was das
Meer für uns bereithält. In diesem
Gericht lassen die Lasagneblätter
seinen feinen Geschmack voll zur
Geltung kommen.

SCHABZIGER-NOCKEN
PINZGAUER NUDELN

SCHABZIGER-NOCKEN
300 g Kartoffeln
150 g Weizenmehl
30 g Paniermehl
3 Eier
⅛ Liter süße Sahne
Salz
frisch gemahlener
weißer Pfeffer
abgeriebene Muskatnuß
80–100 g Schabziger
Butter für die Form
60 g Butterflöckchen

Pro Person etwa
542 kcal/2268 kJ
14 g E · 30 g F · 46 g Kh

PINZGAUER NUDELN
600 g mehlig kochende
Kartoffeln
60–80 g Weizenmehl
Salz
60 g Butter
50 g durchwachsener
Räucherspeck

Pro Person etwa
400 kcal/1673 kJ
7 g E · 20 g F · 38 g Kh

SCHABZIGER-NOCKEN (oben)
Die Kartoffeln gar kochen, schälen und durchpressen. Mehl, Paniermehl und Eier dazugeben. Nach und nach die Sahne unterrühren. Mit Salz, Pfeffer und Muskat würzen. 45–50 Minuten stehen lassen.
Salzwasser zum Kochen bringen und mit einem Eßlöffel Klößchen von der Masse abstechen. Die Klößchen in das gerade siedende Wasser für etwa 10 Minuten geben. Anschließend mit einem Schaumlöffel herausnehmen und gut abtropfen lassen. Den Schabziger reiben. Eine Auflaufform einfetten. Die Nocken hineingeben. Mit Schabziger bestreuen und mit Butterflöckchen belegen. Im vorgeheizten Ofen bei 250 °C etwa 8–15 Minuten gratinieren.

Einmalig ist der Geschmack dieser Nocken, den sie dem „Schabziger" verdanken. Das ist der grüne harte Käsekegel, hergestellt aus Magermilch, vermischt mit zu Pulver zerstoßenen Kräutern, vor allem von Zigerklee. Eine Spezialität aus dem Kanton Glarus.

PINZGAUER NUDELN (unten)
Die Kartoffeln in der Schale gar kochen, pellen und heiß durchpressen. Mit Mehl und Salz verkneten. Je nach Beschaffenheit der Kartoffeln eventuell etwas mehr Mehl nehmen. Den Teig zu fingerdicken, 5–6 cm langen Nudeln formen und in eine mit Butter eingefettete Auflaufform legen. Die restliche Butter verflüssigen und über die Nudeln gießen. Den Speck würfeln und darauf verteilen. Im vorgeheizten Backofen bei 170–180 °C etwa 15–20 Minuten backen, bis sie goldgelb sind. Sehr gut schmeckt dazu Sauerkraut.

Ursprünglich wird dieses wohlschmeckende Gericht wohl eine Notlösung gewesen sein. In den hochgelegenen Tälern Österreichs konnte Getreide nicht mehr angebaut werden. So kam man auf die Idee, das kostbare Mehl mit mehlig kochenden Kartoffeln zu strecken. Pinzgau ist der Name einer anmutigen Talschaft, durch die die Salzach fließt.

GRATINIERTE PIZOKEL NACH SCHWEIZER ART

Für die Pizokel:
75 g Buchweizenmehl
125 g Weizenmehl
3 Eier
Salz
1 TL Öl
etwa 80 ml Wasser
3 EL Schnittlauchröllchen

1 kleiner Spitzkohl
1 große Zwiebel
60 g Butter
Salz
frisch gemahlener
schwarzer Pfeffer
1 TL Kümmel
6 EL Crème fraîche
3 Eier
5–6 EL Milch
60 g geriebener Sbrinz

Butter für die Form
3 EL Paniermehl

Pro Person etwa
719 kcal/3008 kJ
24 g E · 41 g F · 48 g Kh

Für die Pizokel: Mit den links angegebenen Zutaten nach der Beschreibung auf S. 18/19 einen Spätzleteig herstellen.

Den Spitzkohl putzen, vierteln, den Strunk entfernen und in Streifen schneiden. Die Zwiebel hacken. Die Pizokel mit dem Spätzlehobel herstellen oder von Hand schaben und in Salzwasser kochen, bis sie an die Oberfläche steigen. Mit dem Schaumlöffel herausnehmen und abtropfen lassen.

40 g Butter erhitzen und die Zwiebelwürfel kurz darin andünsten, den Kohl dazugeben und unter Rühren 3–5 Minuten weiterdünsten lassen. Salzen, pfeffern und den Kümmel zugeben. Crème fraîche, Eier, Milch und die Hälfte des Käses verrühren. Nach Geschmack Salz und Pfeffer zugeben.

Pizokel und Spitzkohl vermischen und in eine gefettete Auflaufform geben. Eiercreme darübergießen. Paniermehl und den restlichen Käse vermischen und darüberstreuen. Die restliche Butter als Flöckchen daraufsetzen und bei 210–220 °C für 18–25 Minuten in den vorgeheizten Backofen geben.

Diese Nudelart ist eine Spezialität aus Graubünden, wo man sie in ungezählten Varianten zu servieren weiß. Den Teig und seine Herstellung kann man am besten mit dem der Spätzle vergleichen.

MANDEL-LASAGNE MIT LIMABOHNEN

Für den Teig
100–110 g Mehl
35 g gemahlene Mandeln
1 Ei
1 Eigelb
Salz

Für die Füllung:
150 g Limabohnen (ersatz-
weise Borlotti-Bohnen)
2 Lorbeerblätter
3 Knoblauchzehen
3–4 rote Zwiebeln
2 Auberginen
1 kg sonnengereifte
Tomaten
(ersatzweise 1 große Dose
geschälte Tomaten)
7–8 EL Maiskeimöl
2 TL Garam Masala
(indische Würzmischung)
Salz
frisch gemahlener
schwarzer Pfeffer
250 g saure Sahne

Butter für die Form
4–5 EL Paniermehl
40 g Butterflocken

Pro Person etwa
1137 kcal/4757 kJ
23 g E · 77 g F · 74 g Kh

Für den Teig: Aus den links angegebenen Zutaten einen Nudelteig
wie auf S. 10/11 beschrieben
zubereiten und in Rechtecke von
etwa 8–12 cm schneiden.
Für die Füllung: Die Bohnen in
¾ Liter Wasser mit 2 Lorbeerblättern und 1 geschälten Knoblauchzehe etwa 1½ Stunden bei
niedriger Hitze kochen lassen.
Die restlichen Knoblauchzehen
und die Zwiebeln hacken,
Auberginen würfeln, Tomaten
häuten und kleinschneiden. Das
Öl erhitzen. Zwiebeln andünsten,
Knoblauch, Auberginen, Garam
Masala zufügen, salzen und etwa
5 Minuten unter Rühren durchdünsten. Die Tomaten zufügen,
eventuell auch noch etwas Boh-
nenbrühe, pfeffern und abgedeckt
etwa 8–10 Minuten köcheln lassen. Mit den abgetropften Bohnen
und der sauren Sahne mischen.
Nochmals mit Salz, Pfeffer und
Garam Masala abschmecken.
Lasagneteigblätter portionsweise
2 Minuten in kochendes, mit Salz
und Öl versetztes Wasser geben
und bißfest kochen. Mit einem
Schaumlöffel herausheben und
auf ein Küchentuch legen.
Eine feuerfeste Form einfetten.
Als erste Schicht etwas von der
Bohnen-Gemüse-Mischung einfüllen, dann eine Schicht Teigblätter

und wiederum Bohnen-Gemüse-
Mischung. So lange, bis alles verbraucht ist. Den Abschluß sollten
Bohnen bilden. Mit Paniermehl
bestreuen und mit Butterflöckchen belegen. In den auf 190 °C
vorgeheizten Ofen stellen und
etwa 25–30 Minuten backen.

*Wie uns die Bibel überliefert,
waren süße Mandelkerne
schon im Altertum ein beliebtes
Geschenk. Kleinasien kann als die
Heimat des Mandelbaums angese-
hen werden. Nicht nur seine zarte
Blütenpracht erfreut unser Auge,
auch seine Früchte lassen sich zu
den herrlichsten Spezialitäten verwenden.*

MARZIPANNUDELN

Marzipanrohmasse, aus Mandeln und Zucker hergestellt, wird vor allem für Süßigkeiten wie Pralinen und Schokoladen verwendet. Süße Mandeln wachsen in Italien, Spanien, Portugal, Griechenland und der Türkei.

50 g Korinthen
3 EL Amaretto
(Mandellikör)
150 g Fadennudeln
1 Messerspitze Salz
¼ Liter Milch
125 g Marzipan
2 Eigelbe
1 TL Vanillezucker
50 g weiche Butter
Butter für die Form

Pro Person etwa
530 kcal/2218 kJ
10 g E · 28 g F · 48 g Kh

Die Korinthen in Mandellikör (Amaretto) einlegen. Nudeln in reichlich kochendem, wenig gesalzenem Wasser halb gar kochen, abschrecken, in die kalte Milch geben, fertig kochen und abgießen. Marzipan (es sollte mindestens Zimmertemperatur haben), Eigelbe, Vanillezucker und weiche Butter miteinander verrühren und mit den Korinthen unter die Nudeln ziehen. Eine feuerfeste Form ausbuttern. Die Masse einfüllen und in dem vorgeheizten Backofen bei 200 °C etwa 10−15 Minuten backen.

SÜSSE NUDELAUFLÄUFE

NUDELN MIT ZWETSCHEN

200 g Nudeln (Cellentani)
1 kg Zwetschen
etwa 3 EL Zucker
½ TL Vanille
2 Messerspitzen Zimt
1 Messerspitze Nelken
2–3 Sternanis
½ unbehandelte Apfelsine
6 Eier, 150 ml Malaga
Butter für die Form

Pro Person etwa
593 kcal/2481 kJ
19 g E · 17 g F · 81 g Kh

NUDELN UNTER DER HAUBE

30 g Rosinen
3 EL Barack (ungarischer Aprikosengeist)
150 g schmale Bandnudeln
knapp ¼ Liter Milch
30 g Pinienkerne
30 g gehobelte Mandeln
1 EL Zucker
1 TL Vanillezucker
2 Messerspitzen Zimt
1 unbehandelte Zitrone
2 Eiweiß, etwas Butter
1 unbehandelte Zitrone

Pro Person etwa
390 kcal/1632 kJ
12 g E · 16 g F · 42 g Kh

NUDELN MIT ZWETSCHEN
(oben)

Die Nudeln in reichlich Wasser in etwa 8 Minuten bißfest kochen und mit kaltem Wasser abschrecken. Abtropfen lassen. Die Zwetschen waschen, halbieren und entsteinen. Mit Zucker, Vanille, Zimt, Nelken und Sternanis sowie der abgeriebenen Apfelsinenschale etwa 10 Minuten dünsten. Sternanis entfernen. Den Saft der Apfelsine auspressen. Die Eier trennen, Eigelbe mit Malaga und Orangensaft im warmen Wasserbad aufschlagen, bis eine Creme entsteht. Eine feuerfeste Form einfetten, die Nudeln hineingeben, darauf die Zwetschen. Mit dem Weinschaum abdecken und in dem vorgeheizten Backofen bei 180 °C 8–15 Minuten überbacken.

*D*as übriggebliebene Eiweiß kann, abgedeckt im Kühlschrank, bis zur weiteren Verwendung aufbewahrt werden. Zum Beispiel für die Herstellung eines anderen Auflaufes oder für Gebäck wie Makronen.

NUDELN UNTER DER HAUBE
(unten)

Die Rosinen in Barack einlegen. Nudeln in reichlich kochendem, wenig gesalzenem Wasser halb gar kochen, abschrecken, in die kalte Milch geben und fertigkochen, nicht abgießen. Pinienkerne, Mandeln, Zucker, Vanillezucker, Zimt und 1 Teelöffel abgeriebene Zitronenschale vermischen und zu den Nudeln geben. Eiweiß zu Schnee schlagen. Zitrone in dünne Scheiben schneiden. Die Nudeln in eine gefettete Auflaufform geben. Zitronenscheiben an den Rand stecken. Steifgeschlagenes Eiweiß darüberstreichen und einige Minuten unter den Grill stellen, bis das Eiweiß eine goldgelbe Farbe zeigt.

*M*it Barack Pálinka haben es die Ungarn verstanden, aus sonnengereiften Aprikosen einen guten Geist hervorzuzaubern. Der unter eine Haube gebannte Geist entfaltet sein volles Aroma, sobald der Auflauf geöffnet wird.

CHINESISCHE IMPRESSION

Nudeln anrichten. Die restlichen ungekochten Glasnudeln klein-schneiden, einige Sekunden in Öl fritieren und über den Salat geben. Sofort servieren.

150 g Karotten
160 g Glasnudeln
2 Frühlingszwiebeln
Salz
Szetschuanpfeffer
(ersatzweise frisch
gemahlener
schwarzer Pfeffer)
6 EL Maiskeimöl
2–3 EL Zitronensaft
2 Knoblauchzehen
1 Stück frischer Ingwer
400 g frische oder
tiefgefrorene geschälte
Garnelen
Öl zum Fritieren der
Glasnudeln

Pro Person etwa
420 kcal/ 1758 kJ
24 g E · 20 g F · 34 g Kh

Die Karotten waschen, putzen, der Länge nach in Scheiben und dann in schmale Streifen schnei-den. 5 Minuten über Dampf garen. Sie sollten noch Biß haben. 150 g Glasnudeln 3–5 Minuten in kochendes Wasser geben, abgießen, mit kaltem Wasser abschrecken und etwas kürzer schneiden. Die Frühlingszwiebeln in Ringe schneiden. Nudeln und Frühlingszwiebeln mit den er-kalteten Karotten vermischen. Salzen, pfeffern, 2 Eßlöffel Mais-keimöl und Zitronensaft zufügen. Knoblauch und Ingwer hacken. Das restliche Öl erhitzen. Die Garnelen hineingeben, dann Knoblauch und Ingwer. Unter Rühren etwa 2 Minuten braten. Herausnehmen und auf den

NUDELSALAT
PICKNICKSALAT

NUDELSALAT
250 g bunte Ruote
1–2 Zweige Thymian
1 Bund glatte Petersilie
100 g schwarze Oliven
ohne Kern
50 g Sardellenfilets
30 g Kapern
2–3 Knoblauchzehen
25 g gemahlene Mandeln
6–8 EL Olivenöl
schwarzer Pfeffer
½ EL Dijon-Senf
3 EL Salatmayonnaise
100 g gekochte
Kichererbsen
1–2 Eier, 1–2 Tomaten

Pro Person etwa
953 kcal/3987 kJ
22 g E · 59 g F · 63 g Kh

PICKNICKSALAT
200 g getrocknete Linsen
1–2 Lorbeerblätter
¼ Liter Rotwein, Salz
schwarzer Pfeffer
150 g Nudeln (Ruote)
1 Bund Schnittlauch
100 g roher Schinken
½ Bund Koriander
1 EL Rotweinessig
2–3 EL Olivenöl

Pro Person etwa
537 kcal/2247 kJ
20 g E · 17 g F · 58 g Kh

NUDELSALAT (oben)
Die Nudeln in Salzwasser in etwa
8 Minuten bißfest kochen, abgießen und kalt abschrecken.
Thymian und Petersilie von den
Stielen zupfen. Oliven, Sardellen,
Kapern, Thymian, Petersilie und
Knoblauch pürieren. Mandeln
und Olivenöl zugeben, mit Pfeffer
und Senf abschmecken. Mayonnaise unterrühren und diese Masse mit Nudeln und Kichererbsen
mischen. Gut durchziehen lassen
und mit hartgekochten Eiern und
Tomaten, in Scheiben oder Achtel
geschnitten, garnieren.

*Heute gibt es Nudelsalat! Wer
denkt bei diesem Ausruf des
Küchenchefs schon an etwas
Besonderes? Spätestens beim
Inspizieren der Zutaten ahnt man,
daß ein kleines kulinarisches
Ereignis bevorsteht.*

PICKNICKSALAT (unten)
Die Linsen über Nacht einweichen. Am nächsten Tag im Einweichwasser mit Lorbeerblättern
und Rotwein aufsetzen und in
etwa 35–50 Minuten (je nach
Alter der Linsen) gar kochen.
Anschließend salzen und pfeffern.
Die Nudeln in Salzwasser in etwa
10–13 Minuten bißfest kochen,
abgießen und abschrecken. Den
Schnittlauch in Röllchen und den
Schinken feinstreifig schneiden.
Korianderblättchen von den Stielen zupfen. Alle Zutaten miteinander vermischen und abschmekken. Mit Korianderblättchen garnieren. Etwas durchziehen lassen
und gut gekühlt mit zum Picknick
nehmen.

*Dieser Salat kann einem nach
einer längeren Wanderung
schon wieder auf die Beine hel-
fen. Auf das Picknick darf man
sich in zweifacher Hinsicht
freuen.*

NUDELSALATE MIT GEFLÜGEL

NUDELN IN CHÂTELAINE-DRESSING
250 g Nudeln (Eliche oder ähnliche)
200 g Hühnerbrust
⅛ Liter Geflügel- oder Gemüsebrühe
6–8 Artischockenböden (Dose)
125 g Pökelzunge
½ Bund Petersilie
⅛ Liter süße Sahne
5 EL Mayonnaise, Salz
frisch gemahlener weißer Pfeffer

Pro Person etwa
540 kcal/2260 kJ
22 g E · 25 g F · 49 g Kh

NUDELN MIT PUTENBRUST
250 g bunte Nudeln (Farfalle oder ähnliche)
200 g Putenbrust
25 g Butter
125 g grüne Erbsen (frisch oder tiefgekühlt)
12 Cocktailtomaten
1 Kästchen Kresse
2–3 EL Rotweinessig, Salz
frisch gemahlener weißer Pfeffer
6 EL Olivenöl
12–15 schwarze entkernte Oliven

Pro Person etwa
565 kcal/2364 kJ
21 g E · 31 g F · 47 g Kh

NUDELN IN CHÂTELAINE-DRESSING (oben)
Die Nudeln in kochendem Salzwasser in etwa 8 Minuten bißfest kochen, abgießen und abschrekken. Hühnerbrust in Brühe einige Minuten garen, erkalten lassen und wie die Artischockenböden würfeln. Pökelzunge feinstreifig schneiden. Petersilie hacken. Die Sahne steif schlagen und unter die gut gewürzte Mayonnaise mischen. Alle anderen Zutaten unterziehen. Nochmals mit Salz und Pfeffer abschmecken. Einige Stunden gekühlt durchziehen lassen.

A voir un cœur d'artichaut – ein Artischockenherz haben, bedeutet in Frankreich an viele ein Stück seines Herzens zu verschenken, so daß es niemand ganz gehört.
Artischocken werden nicht nur wegen ihres zartbitteren Geschmacks von Kennern sehr geschätzt. Eilige finden sie in Gläsern oder Dosen auf dem Markt.

NUDELN MIT PUTENBRUST (unten)
Die Nudeln in kochendem Salzwasser in etwa 8 Minuten bißfest kochen, abgießen und abschrekken. Putenbrust in Butter wenige Minuten auf beiden Seiten braten, dann kleinschneiden. Die Erbsen 5–6 Minuten in wenig Wasser kochen. Cocktailtomaten halbieren. Kresse abbrausen und fein schneiden. Aus Essig, Salz, Pfeffer und Olivenöl eine Salatsauce rühren und über alle abgekühlten Zutaten geben. Oliven darüber verteilen. Abgedeckt für einige Stunden kühl stellen und durchziehen lassen.

D ie im Mittelmeerraum angebauten kleineren Cocktailtomaten eignen sich für einen guten Salat am besten. Durch ihren höheren Zucker- und Säuregehalt tritt ihr Aroma viel deutlicher hervor als das herkömmlicher Sorten.

MORTADELLA-SALAT
EMILIA-ROMAGNA-SALAT

MORTADELLA-SALAT

250 g Nudeln (Gnocchi)
150 g Mortadella
150 g Mozzarella
½ Bund Basilikum
2–3 EL Weinessig
Salz
frisch gemahlener
weißer Pfeffer
etwa 6 EL Olivenöl
40 g Pistazienkerne
12 schwarze Oliven

Pro Person etwa
715 kcal/2992 kJ
24 g E · 45 g F · 47 g Kh

EMILIA-ROMAGNA-SALAT

250 g Nudeln (Ditali)
1 Bund Basilikum
160 g Parmaschinken
5 EL Mayonnaise
4–5 EL süße Sahne
3–4 EL Parmesankäse
Salz
frisch gemahlener
weißer Pfeffer
½ TL Paprikapulver,
edelsüß
10–12 mit Paprika gefüllte
Oliven

Pro Person etwa
556 kcal/2326 kJ
19 g E · 31 g F · 46 g Kh

MORTADELLA-SALAT

Die Nudeln in kochendem Salzwasser bißfest kochen, abgießen und abschrecken. Mortadella und Mozzarella in feine Streifen schneiden. Basilikumblätter von den Stielen zupfen und etwas zerkleinern. Weinessig, Salz und Pfeffer verrühren. Olivenöl nach und nach zugeben. Alle Zutaten miteinander vermischen. Für einige Stunden kühlen und durchziehen lassen.

Wurstwaren werden in allen Ländern hergestellt, doch die große, feine, würzige Mortadella ist eine Spezialität aus Bologna. Sie war dort bereits im 14. Jahrhundert bekannt, wurde aber wahrscheinlich schon viel früher als Ergebnis mönchischer Fleischerkunst kreiert. Schweinefleisch wurde mit einem Stößel in einem Spezialmörser, mortaio della carne – daraus wurde später Mortadelle – zerrieben. Viele Gewürze, ganze Pfefferkörner, Knoblauch und Pistazien garantieren den feinen Geschmack.

EMILIA-ROMAGNA-SALAT

Die Nudeln in kochendem Salzwasser bißfest kochen, abgießen und abschrecken. Basilikumblätter von den Stielen zupfen und wie den Parmaschinken feinstreifig schneiden. Mayonnaise mit Sahne und Parmesankäse verrühren, würzen. Alle Zutaten miteinander vermischen. Gut gekühlt durchziehen lassen.

Die Emilia Romagna, eine fruchtbare Region in Norditalien, verdankt den ersten Teil ihres Namens dem Römer Marcus Aemilius Lepidus, der im 2. Jahrhundert v. Chr. das Land durch den Bau einer Straße von Rimini bis Piacenza erschloß. Bekannt ist die üppige und zugleich raffinierte Küche Bolognas, die wohl den berühmtesten aller Käse, den „Parmigiano Reggiano", sowie „prosciutto", ein in den Bergen luftgetrockneter Schinken, hervorgebracht hat. Als dieser Salat komponiert wurde, mußte er natürlich dem guten Ruf dieser Gegend gerecht werden.

NUDEL-SPARGEL-SALAT
BÜNDNER NUDELSALAT

NUDEL-SPARGEL-SALAT

250 g Nudeln (Farfalle)
2 TL Weißweinessig
2 EL Öl
400 g gekochter grüner Spargel
150 g gekochter Schinken
Für die Basilikumcreme:
1 Bund Basilikum
6 Blätter Zitronenmelisse
30 g Pinienkerne
etwa 2 TL Zitronensaft
2 EL Olivenöl
125 g Crème fraîche
1−2 EL süße Sahne
2−3 EL Parmesan, Salz
frisch gemahlener
weißer Pfeffer

Pro Person etwa
690 kcal/2887 kJ
21 g E · 33 g F · 55 g Kh

BÜNDNER NUDELSALAT

40 g Rosinen
2 EL Portwein
30 g Walnußkerne
250 g Vollkorn-Spiralnudeln (Fusilli)
1 Eigelb
3−4 EL Naturjoghurt
3 EL Distelöl, Salz
schwarzer Pfeffer
1 Knoblauchzehe
120 g Bündner Fleisch

Pro Person etwa
505 kcal/2113 kJ
16 g E · 20 g F · 55 g Kh

NUDEL-SPARGEL-SALAT

Die Nudeln in kochendem Salzwasser bißfest kochen, abgießen und abschrecken. Mit Essig und Öl mischen. Spargel in mundgerechte Stücke und den Schinken in feine Streifen schneiden. Für die Basilikumcreme: Basilikum von den Stielen zupfen. Mit Zitronenmelisse, Pinienkernen, Zitronensaft und Olivenöl im Mixer pürieren. Crème fraîche, Sahne und Parmesan zufügen, salzen und pfeffern. Über die Salatzutaten geben. Vor dem Servieren einige Stunden kühlen.

*A*lle Jahre wieder freuen sich Feinschmecker auf den Mai, denn dann beginnt die Spargelzeit. Von besonderer Köstlichkeit sind die zarten Spitzen. Grüner Spargel schmeckt etwas würziger als der weiße und hat den Vorteil, daß er, wenn er frisch ist, nur an den Enden geschält werden muß.

BÜNDNER NUDELSALAT

Die Rosinen in Portwein 30 Minuten einlegen. Die Nüsse in einer trockenen Pfanne anrösten, dann fein mahlen. Die Nudeln in kochendem Salzwasser bißfest kochen, abgießen und abschrekken. Eigelb mit Joghurt verrühren, das Öl nach und nach zugeben, salzen, pfeffern. Die zerdrückte Knoblauchzehe und die Rosinen zufügen. Alles mit den Nudeln und dem in feine Streifen geschnittenen Bündner Fleisch vermischen. Den Nudelsalat einige Stunden durchziehen lassen.

*D*ie Bewohner des Schweizer Kantons Graubünden haben sich vor langer Zeit eine Delikatesse ausgedacht. Sie ist eine Verfeinerung der ursprünglichen Methode, Fleisch haltbar zu machen. Besonders zarte, fettfreie Muskelstücke der Rinderkeule werden mit einer Lake aus Salz, Pfeffer, Wacholderbeeren und würzigen Gebirgskräutern eingerieben. Nach etwa sechs Monaten Trockenzeit in frischer Gebirgsluft darf zum ersten Mal gekostet werden. Das ausgereifte Produkt verleiht unserem Salat den besonderen Geschmack.

NUDEL-FISCH-SALATE

NUDELN MIT RÄUCHERFISCH
200 g Rollini oder
eine andere Nudelart
200 g Schillerlocken
(geräucherter Fisch)
3 Gewürzgurken
1 rote Paprikaschote
1–2 Bund Schnittlauch
3 EL frische gemischte
Kräuter wie Petersilie,
Kerbel, Dill
3 EL Joghurt
1½ EL Crème fraîche
Salz
frisch gemahlener
weißer Pfeffer

Pro Person etwa
310 kcal/1297 kJ
18 g E · 8 g F · 40 g Kh

NUDEL-FISCH-SALAT
200–250 g Nudeln
(Muschelform)
400 g Seelachsfilet
(frisch oder tiefgekühlt)
½ Zitrone, Salz
3 Knoblauchzehen
60 g gemahlene Mandeln
7 EL süße Sahne
5 EL Olivenöl
1–2 EL Weißweinessig
150 g Trauben
(grüne und blaue)

Pro Person etwa
626 kcal/2620 kJ
30 g E · 29 g F · 55 g Kh

NUDELN MIT RÄUCHERFISCH
(unten)
Die Nudeln in Salzwasser in etwa
8 Minuten bißfest kochen und
abschrecken. Abgießen. Schillerlocken in Scheiben schneiden,
Gewürzgurken und Paprikaschote
würfeln. Schnittlauch in Röllchen
schneiden und die Kräuter
hacken. Joghurt, Crème fraîche
und Kräuter verrühren, salzen,
pfeffern und alle Zutaten vorsichtig vermischen. Einige Stunden
durchziehen lassen und mit
Schnittlauchröllchen bestreut
servieren.

*In frühen Zeiten stellte das
Räuchern von Fisch eine
brauchbare Methode zur Haltbar-
machung leicht verderblicher
Nahrung dar. Der rauchige
Geschmack des Fisches gibt dem
Salat eine besondere Note.*

NUDEL-FISCH-SALAT   (oben)
Die Nudeln in Salzwasser in
8 Minuten bißfest kochen und mit
kaltem Wasser abschrecken. Seelachsfilet mit Zitronensaft beträufeln, salzen und, sofern es frisch
ist, einige Minuten über Dampf
garen. Tiefkühlware auftauen lassen, salzen, mit Zitronensaft
beträufeln und über Dampf in
5 Minuten garen oder in Butter
dünsten. Knoblauch durchpressen. Knoblauch, Mandeln, Salz
und Sahne verrühren. Olivenöl
nach und nach zugeben, dann mit
Essig abschmecken. Die Trauben
halbieren und entkernen. Nudeln,
Fisch, Trauben und Knoblauch-
Mandel-Sauce vermischen und
einige Stunden gekühlt durchziehen lassen. Kalt servieren.

*Seelachs hat nur den Namen
mit dem König der Fische
gemeinsam. Er ist mit dem Kabel-
jau verwandt und zählt zu den
Magerfischen. Der niedrige Fett-,
aber hohe Eiweißgehalt ermög-
licht Genuß ohne Gewissens-
bisse.*

NUDELSALATE MIT GARNELEN

NUDELSALAT MIT GARNELEN

200–250 g Nudeln in Muschelform
1 reife Avocado
2 EL Mayonnaise
2 EL Joghurt, natur
2 EL süße Sahne
1 Knoblauchzehe, Salz
frisch gemahlener
schwarzer Pfeffer
einige Tropfen Tabasco
2–3 Zweige Minze
200 g vorbereitete
Garnelen
200 g Palmenherzen
(Dose)

Pro Person etwa
407 kcal/1703 kJ
19 g E · 17 g F · 42 g Kh

NUDELSALAT MIT NORDSEEKRABBEN

½ Sellerieknolle
Salz, ½ Zitrone
200 g kleine
Muschelnudeln
gut ⅛ Liter süße Sahne
1½ Bund Dill
1 EL Tomatenmark
1 Messerspitze
Cayennepfeffer
1 Schalotte
150 g vorbereitete
Nordseekrabben

Pro Person etwa
338 kcal/1414 kJ
15 g E · 11 g F · 42 g Kh

NUDELSALAT MIT GARNELEN (oben)

Die Nudeln in Salzwasser in etwa 8 Minuten bißfest kochen, abgießen, abschrecken und abkühlen lassen. Avocado halbieren, schälen, Stein entfernen und das Fruchtfleisch durch ein Sieb streichen oder zusammen mit Mayonnaise, Joghurt und Sahne pürieren. Knoblauch durchpressen und zufügen. Mit Salz, Pfeffer und Tabasco pikant abschmecken. Minzblättchen von den Stielen zupfen, einige für die Garnitur zurückbehalten, die anderen hacken und mit den Garnelen und den in Scheiben geschnittenen Palmenherzen zu der Avocado geben. Alles vorsichtig unter die Nudeln heben. 1–2 Stunden kühlen und durchziehen lassen. Eventuell nochmals abschmecken. Mit Minzblättchen garniert servieren.

*P*almenherzen werden aus dem zarten Mark sprießender Blattstiele der Assai-Palme gewonnen, die in Brasilien, Argentinien und Paraguay in Plantagen kultiviert werden.

NUDELSALAT MIT NORDSEEKRABBEN (unten)

Sellerieknolle putzen, schälen und in Salzwasser mit etwas Zitronensaft in etwa 30 Minuten (je nach Größe der Knolle) kochen. Anschließend feinstreifig schneiden.
Die Nudeln in Salzwasser etwa 6–8 Minuten bißfest kochen und abschrecken, abtropfen lassen. 2 Teelöffel Zitronensaft in eine Schüssel geben. Die Sahne unter ständigem Rühren von Hand oder mit dem Elektroquirl zugießen. Den fein gehackten Dill und das Tomatenmark zufügen, salzen und pfeffern.
Die Schalotte hacken. Nudeln, Sellerie, Krabben, Schalotte und Sahnesauce vermischen. Gekühlt einige Stunden durchziehen lassen. Mit Dill garniert servieren.

*D*ie hierzulande bekannten Nordseekrabben sind zoologisch gesehen kleinere Garnelen und keine Krabben. Letztere zählen nämlich zu den kurzschwänzigen Krebsen. Die Verwechslung tut dem Geschmack aber keinen Abbruch.

Nudel-Käse-Salat
Nudel-Rindfleisch-Salat

NUDEL-KÄSE-SALAT
250 g Nudeln (z. B. Mezze
Penne rigate)
150 g Emmentaler
100 g Mortadella
1 Bund Radieschen
2 Stangen Bleichsellerie
1 Frühlingszwiebel
Für die Salatsauce:
etwa 1 EL Weißweinessig
Salz, frisch gemahlener
schwarzer Pfeffer
1 TL Dijon-Senf
3 EL Olivenöl
etwa 125 g saure Sahne
1 Messerspitze
gemahlener Kümmel

Pro Person etwa
572 kcal/2393 kJ
22 g E · 29 g F · 50 g Kh

NUDEL-RINDFLEISCH-
SALAT
200−250 g Hörnchen-
nudeln, 2 Eier
250−300 g gekochtes
mageres Rindfleisch
oder Bratenreste
4 Gewürzgurken
1 Bund Schnittlauch
1 Zweig Estragon
1 EL Dijon-Senf
1½ EL Weißweinessig
4−5 EL Olivenöl
Salz, frisch gemahlener
weißer Pfeffer
1 Messerspitze Zucker

Pro Person etwa
472 kcal/1975 kJ
26 g E · 4 g F · 50 g Kh

NUDEL-KÄSE-SALAT
Die Nudeln in kochendem Salzwasser in etwa 8 Minuten bißfest
kochen, abgießen und abschrekken. Käse und Mortadella in
Streifen, Radieschen und Bleichsellerie in Scheiben und Frühlingszwiebel in Ringe schneiden.
Für die Salatsauce: Alle Zutaten
verrühren, mit den übrigen Zutaten vermischen und durchziehen
lassen.

*Edle Zutaten sollten nur mit
bestem Olivenöl angemacht
werden. Beim Kauf von Olivenöl
sollte man darauf achten, daß es
aus erster Pressung stammt und
kaltgeschlagen wurde. Nur so
sind Vitamine und ungesättigte
Fettsäuren noch erhalten.*

NUDEL-RINDFLEISCH-SALAT
Die Nudeln in kochendem Salzwasser in etwa 8 Minuten bißfest
kochen, abgießen und abschrekken. Eier in 10 Minuten hart
kochen und ebenfalls abschrekken. Rindfleisch und Gewürzgurken würfeln. Schnittlauch in
Röllchen schneiden. Estragonblättchen von den Stielen zupfen.
Eigelbe, Senf, Essig und Olivenöl
verrühren, salzen und pfeffern.
Estragon und Zucker zugeben.
Alle Zutaten miteinander vermischen und mehrere Stunden,
besser über Nacht, durchziehen
lassen.

*Dijon-Senf aus Burgund zählt
zu den extra scharfen Würz-
pasten. Er wird seit über 700 Jahren aus Senfkörnern nach dem
sogenannten Dijon-Verfahren hergestellt. Dabei werden die Körner
mit rotierenden Walzen durch ein
Spezialsieb gepreßt. Anschließend mit Traubenmost, Salz,
Zucker und Gewürzen angesetzt,
reift er zu einem unverkennbaren
Produkt.*

DIE REZEPTE NACH GRUPPEN

Soweit in den Rezepten nichts anderes vermerkt ist, sind die Zutaten für vier Personen berechnet.

DIE REZEPTE ALPHABETISCH

Soweit in den Rezepten nichts anderes vermerkt ist, sind die Zutaten für vier Personen berechnet.

Die neue Linie

Die Spezialitäten-Kochbücher zeichnen sich durch ihre internationale Vielfalt aus. Dabei kommen die klassischen Gerichte ebenso zu Wort wie neue raffinierte Kreationen. Auch beim Schlemmen wollen wir heute genau wissen, was wir zu uns nehmen. Deshalb finden unsere Leser bei allen Rezepten Angaben über Kalorien und Joule, zu Eiweiß, Fett und Kohlehydraten.

Bildquellen

Focus: 5, 168 (Magnum/Bruno Barbey); 82 (F. Mayr)
IFA: 6; 90 (Connet); 180 (Oertel)
Mauritius: 24 (Clasen); 56 (P. Volkert); 140 (Kugler)
Sigloch Bildarchiv: alle Rezeptfotos Hans Joachim Döbbelin sowie S. 2, 7, 10, 11, 12, 15, 17, 19, 21;
38, 186 (Carmichael)
Zefa: 104 (Starfoto)

Impressum

© 1992 Sigloch Edition, Zeppelinstraße 35a, D-7118 Künzelsau
Sigloch Edition & Co, Lettenstrasse 3, CH-6343 Rotkreuz
Nachdruck verboten. Alle Rechte vorbehalten. Printed in Germany
Reproduktion: Otterbach Repro, Rastatt
Satz: Setzerei Lihs, Ludwigsburg
Druck: W. Kohlhammer, Stuttgart
Papier: 135 g/m^2 BVS der Papierfabrik Scheufelen, Lenningen
Bindearbeiten: Sigloch Buchbinderei, Künzelsau
ISBN 3-89393-074-4

INTERNATIONALE SPEZIALITÄTEN